コピーライティングとアイデアの発想法
～クリエイターの思考のスタート地点～

はじめに

コピーライターが持つ「言葉を使って心を動かすスキル」は、ビジネス全般で使える万能スキルです。どんな仕事でも一人で完結する仕事はありません。デザイナーもプランナーも、そして広告業界以外の営業職や管理職でも、言葉を使って人と人を繋ぎ、他者と思いを共有しながら仕事をします。言葉を自在に操ることができれば、コミュニケーションの質は格段に上がるものです。

さらに、コピーには大きな強みがあります。それは、簡にして要を得る効率の良さ。コピーも広告にも求められるのは効率的な表現なのです。長文は読んでもらえなくても、たった一言なら読んでもらえます。短い言葉で強いメッセージを伝えられるコピーこそ良いコピーです。言葉が短ければ短いほど、時間も労力も削減できます。コピーに限らず、ローコストで大きな成果を得るスキルは、どんなビジネスにおいても強い武器になるでしょう。

そのため、たとえコピーライターになるつもりがない人でもコピーを学ぶといいですね。私が宣伝会議に通っていた頃に見かけた人たちは、全員がコピーライターになったわけではありません。作詞家になった人、作家になった人、評論家になった人……実にさまざまな道に進んでいますが、その道で成功している人も多いのです。言葉を味方につければ、あらゆる分野への道が開かれます。若い人こそ「言葉」を学び、ステップアップする脚力にしてください。

この本では、トップクリエイター26人の「アイデア発想の起点」を紹介します。十人十色の思考法には、良いアイデアを生み出すヒントが詰まっています。短く表現するコピーライティングには技術が必要。まずはその技術を知り、真似することからスタートしてください。本書はコピーライティングスキルだけでなく、ビジネス全般で使えるスキルを底上げする1冊です。

ナカハタ　コピーライター／クリエイティブディレクター　仲畑貴志

目次

発想のカギは　思考法

発想のカギは　書くこと

発想のカギは　最後まで検証

発想のカギは　日々の過ごし方

第一部

アイデアの発想法

クリエイター26名に「アイデアの発想法」を聞きました。
手法、重視しているポイントを元に、「オリエン・企業・商品」
「思考法」「書くこと」「最後まで検証」「日々の過ごし方」の
5つのカテゴリーに分けて紹介します。

発想のカギは

オリエン・企業・商品

アイデアの起点は商品に決まっているけれど

磯島拓矢

はじめに

アイデアを考えるスタート地点を明らかにするのが本書の目的である、とうかがいました。言うまでもなく、広告コピーのアイデアのスタート地点は、担当した商品です。企業広告であればその企業です。それ以外はありません。つまり結論はもう出ているのですが、そのときちょっと気をつけなくてはいけない点が2つあり、それについて記そうと思います。ひとつは「切り口という言葉の落とし穴」。もうひとつは「世の中と向き合うことの大切さ」です。

この2つを説明するにあたり、ひとつは20年以上前、もうひとつも10年以上前のキャンペーンを例にあげて記すことをお許しください。でもそれが、一番わかりやすいと思ったのです。なぜなら僕は、それらの仕事を通じて、この2つのことに気がついたからです。僕の気づき、学びをそのまま記すことが、一番わかりやすいと思うのです。

ひとつ目は、『メルセデス・ベンツCクラス』のロンチキャンペーン（ロンチという言葉の意味を初めて知った仕事でした）。入社2年目の僕は毎月ディーラーで行われるフェアの広告を作っていたのですが、Cクラスのロンチという大きな仕事が発生し、メインコピーライターである角田誠さんの下についたのでした。

そしてもうひとつは『トヨタカローラ』のフルモデルチェンジのキャンペーン。これは僕の仕事ではなく、コピーライターは山本高史さんです。僕は社内競合の別チームでコピーを書いていました。自分の仕事ではないものを例にあげることを、これまたお許しください。スイマセン。

切り口という言葉の落とし穴

まずは、『メルセデス・ベンツCクラス』の仕事について記します。今でこそたくさんのクラスが存在するメルセデスですが、当時はシンプルな構成でした。一番上にSクラス、次にEクラスがあり、その下に、最も廉価なメルセデスとしてCクラスがデビューしようとしていたのです。車両本体価格は390万円から。日本車でいえばクラウン並みの高級車ではありますが、普通のサラリーマンも（がんばれば）ギリギリ自分で買えるメルセデスであったわけです。

ある日、2年目の僕のデスクに膨大な資料が届けられます。クルマの仕事とはそういうものです。2年目の僕はマジメですから(笑)、それらすべてに目を通します。そして「新人はたくさんの切り口を出すのが仕事である」という誰が言い出したのかわからないテーゼに従い、コピーを書き始めます。エンジンが新しいので、その切り口でコピーを書きます。デザインも新しいので、その線でコピーを書きます。メルセデスといえば安全性ですから、当然そこもおさえます。そして当時はまだ新しかった環境性能も売りのひとつですから、張り切ってコピーを書きます。まあ新車というのは切り口の宝庫です。たくさんの切り口からたくさんのコピーが生まれ、そして撃沈してゆきます。

撃沈の舞台は会社の会議室。三浦武彦CD以下が揃う打ち合わせです。もちろん皆さん優しいので、「磯島！ なんだこれわあ！」と怒って破り捨てるようなことはないのです。ただただ、切り口ごとに分類して壁に貼られた僕のコピーを見て、皆さん「うーん、なんだかなあ…」とつぶやき、重苦しい気分が広がるのです。それはつまり、撃沈を意味します。

2年目の僕は焦ります。一つ一つのコピーの精度が甘いのだろうか？ それともやはり切り口が違うのだろうか？ 新車という切り口の宝庫も、さすがに打ち合わせが重なるとネタも尽きてきます。そして何度目かの重苦しい会議の後、アートディレクターの嶋田清さんが、一枚の手書きのラフを持ってきました。若い夫婦と思われる2人がメルセデス・ベンツCクラスの写真を持っています。クルマの横に立つのではなく、そのクルマの写真を持つ、というアイデアにも感心しましたが、その横にちょろっと（失礼）書かれたコピーに、僕はショックを受けます（角田誠さんも同様の感想を持たれたと思います）。そこには、こう書かれていました。

「いちばん新しいのはターゲットだ」

そうか、そうだったのか…。このCクラスにおいて最も新しいのは、エンジンでもデザインでも安全性能でも環境性能でもなく、「あのメルセデスが、サラリーマン向けにクルマを出したこと」だったのか…。そんなメルセデスの企業戦略こそが新しく、このクルマの本質であり、そしてキャンペーンで伝えるべきことだったのです。

目からウロコとはこのことでした。もちろん「いちばん新しいのはターゲットだ」というコピーは、「ユーザー」という切り口で書かれたコピーとも言えるのですが、でもでも、いたずらに切り口を増やす書き方では出てこないコピーでした。もっと違う視点、大仰な言い方をすれば「本質を見ようとする視点」がなければ、たどり着けないコピーでした。「切り口という言葉の落とし穴」と書いたのは、こういうことです。切り口という言葉には「増やさなくてはならない」という呪縛がつきまといます。新人であればなおさらです。そして、アイデアは横へ横へと広がってゆきます。もちろんそれは間違いではありません。けれども、ちょっと立ち止まって「深い」思考を持ったほうがいい。本質を見るような思考をしたほうがいい。「いちばん新しいのはターゲットだ」という嶋田清さんのコピーから、僕はそれを学びました。

そこからは早かったと思います。このコピーをいわばディレクションとして、僕はもう一度コピーを書きました。角田誠さんもいいねと言ってくださった、そのときのコピーがこちらです。

「今度のメルセデスは、人ごとではありません。」

それは、僕が初めて「あ、書けたかも」と自分でわかったコピーでした。

世の中と向き合うことの大切さ

次に、トヨタカローラのことを記します。2000年、いわゆるミレニアムの年にフルモデルチェンジをしたのですが、そのときのキャンペーンについて記します。このような大きい仕事の場合、広告代理店は社内競合というやり方をとります。つまり社内に複数のクリエイティブチームを作り、競わせるのですね。電通社内に3チームあり、山本(高史)さんと僕は別のチームでした。僕は当時東南アジアでのキャンペーンを担当しており、その考え方で一案作ってくれと依頼されました。それは、英語圏でない人もわかるシンプルなワンワードをスローガンに掲げるキャンペーンでした。僕は依頼された通りワンワードをスローガンに掲げ（仮にＳＴＲＯＮＧとします）、走りもＳＴＲＯＮＧ、デザインもＳＴＲＯＮＧ、室内もＳＴＲＯＮＧ…みたいなコンテを四苦八苦しながら作っていました。皆さんお気づきでしょう。そう、僕は「メルセデス・ベンツＣクラス」のときと同じようなことをしていたのです。大きなスローガンがあることに安心し、またしても、横へ横へとアイデアを広げていたのです。それは今から思うと、確かにクルマのことをちゃんと語ってはいるけれど、世の中とつながれないコンテであったように思います。

プレゼンのことは不思議と覚えていません。ある日営業の方から、山本さんのチームが勝ったことを知らされました。そしてしばらくして、決定した企画が共有されました。そう、「変われるって、ドキドキ」です。本当にショックを受けました。僕も山本さんも、商品から発想をスタートしています。それは同じです。でも僕のチームのコンテは（コピーは）商品でとどまり、山本さんのコンテは（コピーは）人々に届いていました。当然です。山本さんは、商品と社会の接点を見つめていたからです。

僕はこのとき学びました。僕らは社会と向き合わなければいけないのです。社会と向き合い、社会を感じ、社会を知り、その上で、それと響きあう何かを商品から見つけなければならないのです。そうやって見つけたものこそ、発想のスタートにするべきなのです。

その後キャンペーンが始まり、「北野武からの手紙」と題された長いシネアドを見て、僕は再びショックを受けます。以下、少し長いですが引用します。

「〈前文略〉２０００年だ。21世紀だ。大変だ。時代が変わる。そりゃけっこー。
でも時代って誰だ？変わらなきゃいけないのは、あんたじゃないのか？
本当に変わってゆくことは、インターネットがどうしたこうしたじゃねーだろう？
もう少し優しい自分だったりするだろう？
困っている人を見て見ぬふりをしないことだったりするだろう？
ちょっとした勇気だったりするだろう？
普通のあんたが変わって初めて本当に新しい時代がやってくる。〈後文略〉」

このナレーションを聞いて、僕はちょっとホロッとし、そして思いました。なんとなく大きな言葉を掲げて、キャンペーンっぽくしている場合じゃないなと。商品の特徴を取り上げ、面白おかしくコンテ化している場合じゃないなと。そして素直に思いました。「こっちのほうがやりたいな」と。こうやって社会と向き合い、それを捉え、ちゃんと言葉にする人こそコピーライターと呼ばれる人で、僕はそれになりたいな、と。

それ以来、僕は下手なコンテを書くのをやめました。得意な人にまかせることにしました。僕はただ商品を見つめ、社会との接点を見つめ、コピーを書くことに専念するようになりました。だからと言って「変われるって、ドキドキ」が書けるようになるわけではないのですが。

おわりに

2つの思い出話につきあっていただいたようでスイマセン。僕自身の気づきを追体験していただけたら、と思ったのです。

繰り返しますが、広告コピーのアイデアのスタートは、担当した商品です。企業広告であればその企業です。それ以外はありません。でもコピーライターになりたての人が、この正論をあまりにも鵜呑みにすると、ちょっと遠回りしちゃうかもなと思い、このような文章を記しました。

商品をスタートとしながら、「切り口」を横へ横へ広げることで満足しないこと。「世の中と向き合う」ことを忘れないこと。参考になれば幸いです。

まとめ

商品から発想をスタートしたら、社会と向き合いつながろう

1．横へ横へ、いたずらに切り口を広げることで満足しない

2．商品と社会との接点を見つめよう

3．見つけた接点は、人々に届くコピーになる

磯島拓矢

［いそじま・たくや］　電通　クリエーティブ・ディレクター　コピーライター
主な仕事に、旭化成企業広告「昨日まで世界になかったものを。」、旭化成ホームズヘーベルハウス「考えよう。答はある。」、大塚製薬ポカリスエット「自分は、きっと想像以上だ。」、KIRIN一番搾り「やっぱりビールはおいしい、うれしい。」などがある。

コピーライターの仕事は、まず書くことより聞くこと

岡本欣也

コピーライターの仕事というと、ふつうは「書くこと」だと思いますよね。でも、極端にいうとそれは、我々の作業の、後ろ半分の話です。コピーライターの仕事の前半は、「聞くこと」だと思ってください。では、聞くとは何か。それにはふたつあって、まずひとつは当たり前ですが、人の話に耳を傾けること。そしてもうひとつは、相手に対して質問すること。このふたつです。

広告は基本的に、クライアントのオリエンから始まります。あるいはそれに参加できなかった場合、オリエンを聞いた代理店の人から説明を受けることになります。この時、あなたは油断してはいけません。なぜそんなことを言い出すのかというと、意外なほど多くの人がこの時、「ちょっとだけ気を抜いている」からです。オリエン時は当然ながらオリエンシートをもらうので、必要なことはすべてここに書いてあるもんね、などと高を括ってノホホンとしている人間がことのほか少なくないのです。

オリエンシートはほとんどの場合、簡潔にまとめられていま

す。複雑な諸事情を省いた上でわかりやすくまとめられたものもありますが、省きすぎちゃってわかりづらいものもあります。私の実感からすると後者のほうが多いくらいです。オリエンシートは絶対ではない。そういう気持ちで私はオリエンシートに向き合っています。要するにそこに書かれた文字にとらわれるのではなく、ちょっと距離を置くかんじです。そしてその時私は、オリエンをする人が何をしゃべるのか。そのことを意識します。わかりづらい点がそこで補足されるばかりでなく、ペーパーには落とせなかった、その人の本音のようなものが聞けることもありますし、もっと言うと、その場での発言の中にそのままコピーになってしまうようなすばらしい発見が含まれることもあるからです。これを聞き逃す手はありません。そこまでの収穫はたびたびあるものではありませんが、いずれにせよニュアンスが大切ですから、クライアントの話にはくれぐれも耳をそばだててください。それしてクライアントがしゃべったことは、「要約せずに記述する」こと。それがニュアンスの備忘録になります。

アホだと思われてもいい、たくましく質問してほしい

クライアントの言葉が大切だと言いましたが、ただ聞くだけでいいわけではありません。冒頭で述べたように、能動的に聞くこと、つまり、質問することも大切です。「いい質問ができればそれはもういい答えを出したも同然である。」と言ったのは、かの小林秀雄ですが、つくづくその通りだと思います。質問とは、ある種の答えなのです。少なくとも問いかける言葉の中にこそ、最良のヒントやきっかけが潜んでいるのです。思えば思考の初期段階って、そもそもそういうことじゃないでしょう

か。他人にであれ、自分にであれ、問いを立てなきゃ始まらない。そういう本質的に不可欠なものである質問ですが、実際質問をする際はそんなに力む必要はありません。鋭い切り込みで問題の本質をえぐり出すぜなどと考えていると、自分の中でハードルが上がってしまい、結局は質問できずに終わってしまいますからね。

私の場合、ちょっとでも引っかかる点があれば、極力質問します。ただ、初対面のクライアントに対してはビビってできないこともありますが、そういう時はそのクライアントに詳しい代理店の人などにとことん質問します。第一回目の打ち合わせはほとんど質問で2時間くらいが終わってしまうこともある。意図的に質問魔であろうと心掛けているんです。もしかしたら疎ましがられている可能性もゼロではありませんが、この作業をないがしろにすると思考の土台がしっかりと固まらないと思っているので、これからも手抜かりなくやるつもりです。

私にも記憶があるのですが、そうはいっても若い頃はなかなか質問できない。そもそも言葉を発すること自体ままならない。そんなものです。打ち合わせで質問をする時に、ジャマになるのは羞恥心と虚栄心。ヘンなことを聞いたら「下調べが足りていないと怒られないだろうか」「基本的な質問をしてバカだと思われないだろうか」などと不安を抱く人がいますが、そこで遠慮する必要なんかまったくありません。素朴でいいんです。いやむしろ、素朴がいいんです。いろんなものをかなぐり捨てて、何でもいいから素朴な質問！ それをできるだけ打ち合わせの序盤にしてみてください。序盤はすべてが更地ですから、何を聞いてもそれなりの意味を持ちます。若手はつい様子見をしてしまいがちですが、同じ聞くなら序盤がいちばん。そのことに気付くと、打ち合わせがグンとラクになると思います。

素朴に考えること。それをいま、私は若手の心掛けみたいに言いましたが、じつは今でも私は、素朴であることを何より大切にしています。基本的に広告は、何の予備知識も持たない人に、何とかして伝えようとする行為です。だから自分がまっさらな目で見た時に感じた「最初の感覚」が、広告の受け手の感覚にもっとも近いとも言える。ファーストコンタクトを重要視する広告だからこそ、わかったふりなどせず、わからないことをわからないと言える自分を大事にしています。

お手本となるべきものを、お手本もとに

ここまではインプットの話でしたが、アイデアを練るためにはもちろんアウトプットも大切です。私がコピーを書く時にまずやっていること。いまどき少数派かもしれませんが、原稿用紙と鉛筆を用意して、そこに思いつく限りのことを書きつけていきます。読めればいいので、マス目など気にせずに、まるで子どもがお絵描きでもするような気楽さで、用紙のあちこちにそのテーマに関係する単語などを書き込んでいきます。

それが出揃ってくると、徐々に単語より文章の比率が高くなってくる。そしてその中に、かつての名作コピーが混じってくることも多々あります。それも原稿用紙にちゃんと書きます。クルマなのか

お菓子なのか飲料なのか、その時々のテーマによってもちろん変わるのですが、なぜかジャンルを問わずに横断的に思い浮かんでしまうコピーってあるんですよね。「地図に残る仕事。」「一瞬も 一生も美しく」「このろくでもない、すばらしき世界。」「そうだ 京都、行こう。」「恋は、遠い日の花火ではない。」「それゆけ私」「好きだから、あげる。」「おいしい生活。」「なにも足さない。なにも引かない。」もちろんまだまだありますが、代表選手としてはこんな感じでしょうか。これらのコピーを手書きして、なおかつ線で囲んだりして、他の文字より目立つようにします。自覚的にやっていたわけではありませんが、思えばこの行為がけっこう大事かもしれないと、最近思うようになりました。

名作って何だろう。いまだによくわかりませんが、ただひとつ言えるのは、名作はどれも大きい。構えとか佇まいとかオーラとか、そういうものがとにかくでかい。いま私がコピーを制作する上でいつも心掛けている言葉に「黄金を打ちのべたるがごとくなるべし」というのがあります。松尾芭蕉が弟子に語ったとされる言葉なのですが、名作と呼ばれるものはどれもことごとく打ちのべた黄金のような、柔らかな大きな輝きに満ちている。商品や企業の話だけじゃなく、そこには時代も入っている。人間も入っている。いや、永遠や宇宙も入っている。そんな気がするのです。だから、違うジャンルのコピーを考えている時も、頭に浮かぶんだと思うのです。お手本とはつまり、めざすべきすばらしいものを手もとに置いておくことだと思うので。いつでも眺められるようにして、そこから刺激を受けたり、思い切りを学んだり、物事のざっくりとした捉え方、いわゆる大局観のようなものを感じたりしています。

ファミレスはクリエイティブの理想環境である

最後に、アイデアを考える環境について。私にとって最良の仕事場は飲食店なんです。オフィスは仕事環境が整っていますが、ずっとその場にいると軟禁されているような気分になって、息苦しくなる。そんな時は原稿用紙とペンケースを持って、街に出ます。日中であればコーヒーショップ。夜であれば近くのファミレスによく行きます。特にファミレスはボックスシートがいいんです。テーブルが広いので作業スペースが充分確保できる上に、ボックスシートで背中まで固定されるので集中しやすい。いや、集中せざるをえない状況に自分を追い込んでいるとも言えますが、不思議と息苦しくはないんですよね。あのシートは私にとって、快適な強制集中装置なんです。

席の構造だけではなく、音の加減もちょうどいいですね。真の集中は無音の中ではなく、雑音の中にあります。無音だと自分の心の中が見えすぎてしまって、そのぶん雑念にとらわれやすい。ファミレスはあちこちから雑多な会話が聞こえてくる環境で「声は聞こえるけど話の内容まではわからない」という、まさにちょうどいい雑音に満たされています。そういう適度にうるさい状態が、自分の中の余計なものをいい具合にかき消してくれるのです。これは自分のオフィスでつくろうとしても、なかなかつくれる環境じゃありません。

そして人の目があるのもメリットのひとつ。自分専用のオフィスだと、居眠りも自由にできてしまう。ファミレスだとさすがにそうはいかないので、どんなに眠くても仕事と向き合える。一般的なオフィスにも人の目があり、緊張感は保てるものの、今度はパーソナルスペースが侵食されやすいのが問題。何かを考える時の周囲は、知っている人より知らない人のほうがいいんです。知っている人の挙動って、どうしても意識を持っていかれますから。通信環境が整った現代は、社員みんなが朝から晩までバカみたいに一緒にいる必要のない時代です。そんな時代の変化を受けて最近はカフェやファーストフードなども、仕事をする人にずいぶん寛容になってきました。コンセントを各席につけたりして「混んでいる時間じゃなければ仕事なんかもしてみてください」というムードの店もふえています。日替わりで食べるお店を探すみたいに、日替わりオフィスを探すのもいいものですよ。

まとめ

わからないことは、とにかく質問

素朴な問いかけに、最良のヒントがある

1. クライアントの言葉は「要約せずに記述する」

2. オリエンは質問魔と化す。どうせ聞くなら序盤が一番

3. 紙とペンを持ったら、いざ飲食店へ。
自分なりの快適な強制集中装置を見つける

岡本欣也

［おかもと・きんや］　オカキン　コピーライター
2010年オカキン設立。主な作品として、ゴディバ「日本は、義理チョコをやめよう。」、東京電力「電気、ガス、それからそれから。」、川崎重工「カワる、サキへ。」、JT「大人たばこ養成講座」「あなたが気づけばマナーは変わる。」「製品も、マナーへ。」、サントリー烏龍茶「脂マネジメント」「黒 Loves Burger」、京王電鉄「東京は、美しい。」、ホンダ「ハイブリッドカーを、安くつくれ。」など。

コピーの「とっかかり」をどうつくるか

谷山雅計

最初のインプットは企業の空気から

前提として、コピーライティングに「こうすれば必ず作れる」という公式はありません。時代に合わせて商品の立ち位置も価値も変わるので、コピーやアイデアは常にオーダーメイド。いわば、今その商品が一番魅力的に見える服を着せてあげるのがコピーライティングなのです。これを理解した上で、アイデアをできるだけロジカルに生み出していきます。

商品の価値を最大化するために重要なのは、企業を知ること。枝葉だけを見るのではなく、幹から見たい。最初にオフィスへ足を運び、自分の肌感覚で人やビルや受付の雰囲気などもインプットします。たとえば同じ業界の類似商品でも、企業文化や積み上げてきた歴史によってカラーがまったく違う。その商品に最も似合う服を着せるには、ただ流行っている服を選ぶのではなく、商品に合わせたスタイルを独自に仕立てたいですよね。その違いを知るために、直接企業の「場」に接して、自然とにじみ出る文化を感じ取る必要はけっこうありますね。

だから、最初に商品の説明を受ける際も、ただ紙の資料を受け取ってプレゼンテーションを読み込むだけでなく、現場スタッフの生の話まで聞きに行くのが理想です。紙の資料だけでは伝わらないディテールが自然にしみ込んできて、企業や商品が抱えている課題も見えやすくなる。

こうした事前の下準備はかなり大切なので、初めてのクライアントの仕事を短い納期で引き受けることはほとんどありません。何回か仕事を受けているクライアントなら土台となる「こういう文化だよな」という基礎知識があるので短期でも対応できますが、ゼロベースから理解するには時間がかかります。最初はそんなこともけっこう気にしますね。

適度に知って、適度に知らない

あえて商品や企業を「適度に知らない」ことも実は重要なんですよ。「適度に知らない」とは必要以上に詳しくなりすぎないということ。誰よりも知識が豊富なクライアントがわざわざ外部に広告制作を依頼するのは、ターゲットに近い目線での訴求を期待している部分があるはずです。外部の人間だからこそ「適度に知っていて、適度に知らない」状態になれる。そのちょうどいいバランスを意識しながらコピーを考えています。

もちろん、ロイヤルユーザー向けの広告であれば徹底的に商品に詳しくなる必要がありますが、新規ユーザーのためのキャンペーンは、まったく商品のことを知らない人がほぼターゲットですものね。世の中の人は広告にほとんど興味がないということがスタートラインですから、せいぜい流し見する程度だろうという前提で考える。その一瞬で記憶に刻み込むためにはどうしたらいいか。薄目でぼんやり見ただけでも頭に残るメッセージは何か。こうしたことを受けての目線で考えるんです。コピーライターはクライアントとユーザーをつなぐ存在ですが、最初はユーザー寄りの立ち位置でアイデアを練ることが基本でしょう。

商品の説明を受けるオリエンテーションでも、知りすぎないように注意します。受け取ったオリエン資料にはざっと目を通す程度で、クライアントの狙い以外はあえて繰り返し熟読はしません。過去のCMを見せてもらうこともありますが、あまり意識しないようにしています。なぜなら、実際のユーザーは過去のCMをチェックしないから。余計な先入観を持つと、ユーザーの目線とズレてしまいそうでコワイんです。

さらに、知り過ぎないからこそわかることもあります。それは商品の抱えている課題です。ディテールを熟知していないからこそ俯瞰して全体を見ることができ、商品に欠けている部分が把握できるという利点もありますよね。そこでクライアントに「この商品に足りないのはここなんじゃないでしょうか」と提案した際に、「我々の商品を本当によく研究してくれたんですね！」と喜んでもらえることも珍しくありません（笑）。商品の抱える課題にはいくつかのパターンがありますが、灯台下暗しと言うように、入り込みすぎると近視眼的になり課題が見えにくくなってしまいます。ここでも「適度に知っていて、適度に知らない」状態は重要になるんです。こうしたバランス感覚は経験を積んで初めて得られるものかもしれませんが。

オリエンテーションを聞きながらその場で考えたコピー数本の中からメインコピーが決まったこともあります。オリエンテーションを聞いている時は「アタマが新鮮」な状態だからでしょうね。その状態でスナオに課題解決を目指せば、商品知識がそれほど深くなくても最良のコピーを生み出せる可能性もあるということです。

検索して、20件以上見る人はあまりいない。
全員が同じ情報を元にコピーを練ることになり、どこかで見たようなアイデアに。

もちろん、知識が１００％ではない状態でコピーライティングを進めると、実際の商品と多少ズレたコピーを書いてしまう場合もあります。ただ、広告制作はチーム仕事。もし、そのズレが限度を超えたら、打ち合わせで他のメンバーから誤りを指摘してもらえます。これは「多くの視点」で仕事を進められることの利点でしょうね。

検索上位20件の呪いを解く

「適度に知らない」状態が理想とは言っても、「まったく知らない」ではムリですから、やはり情報を探さなければならないことは当然あります。自分が日常で縁のない商品、たとえば「生理用品」を担当する場合もあるわけですが、そんな時は資料だけ見ても市場の全体はわからない。想像力だけでは追いつかないことも多々ありますから。

ただ、その際に陥りがちなのが〝検索上位20件の呪い〟です。最近は知りたいことがあると誰でもすぐにGoogle検索をする傾向がありますが、コピーを考える時に最初から検索をしてしまうと、かえって視野が狭くなる危険があります。Google以外の検索サイトでも上位表示されるページは似かよっているので、誰が検索してもほぼ同じ情報が出てくる。20件以上見る人はあまりいないでしょうから、全員がほぼ同じ情報をもとにコピーを練ることになり、どこかで見たようなアイデアしか生まれなくなってしまう。これを僕は〝検索上位20件の呪い〟と呼んでいます（笑）。

この呪いを解くためには、まだ検索サイトがなかった時代の手法を活用することも大切かもしれない。昔は本屋に行って資料を集めるのがセオリーで、人によってだいたい違う資料にたどり着いていました。同じ本屋に行ったとしても、それぞれ選ぶ本は違ってくる。そうすると得る情報も異なりますから、幅広いアイデアが生まれる可能性も増える。皮肉なことに、効率的に情報を収集できるツールが誕生した現在の方が、発想の幅は狭まっているんじゃないかとすら感じます。

まったく検索サイトを活用しないのも非現実的ですが、たとえば「最初の何時間だけはガマンして検索をしないで、自分の頭の中から出てくることだけで考える」方法もいいんじゃないでしょうか。そうして頭からアイデアが出つくした段階ではじめて検索することによって欠けていた部分を補っていく。新しいアイデアやコピーを生むには、けっこう有効な気がしますね。

コピーに熟成期間を設ける

さて、オリエンを受けるにしろ適度に自分で調べるにしろ、ある情報をインプットしたあと、理想としてはコピーライティングにすぐにとりかかるのではなく、すこし「寝かせる時間」をつくれるといいなと思っています。

ちょっと感覚的な話になりますが、頭の片隅に数日間その情報を置いておくと、思考が自然と「こなれて」いきます。そしてその間に本を読んだり、映画を観たりと関係のない雑多な情報を取り込む。これは真正面から情報と向き合うのではなく、無意識の中に情報を放置して熟成させるようなものです。一見無意味なようですが、実際にこの熟成期間を設けると、すぐ書いたコピーよりも良いコピーが生まれてくる比率は高まる気がします。さらに思考できるコピーの幅も広がり、2時間程度であるレベル以上のコピーが何十本も一気に書けてしまうこともあります。大きなキャンペーン企画のメインコピーを決める時は、このプロセスを踏むことが多いかもしれません。

個人的な目安としては、2〜3日間寝かせておくのが理想ですけれど、余裕がない場合は数時間だけでも寝かせるというのもありかも。その間にインプットした情報が組み合わさっていき、新しい発想の土台ができ上がっていくというような感覚はありますね。

(個人的には)メモに頼ると本質を見失う

アイデアをメモしたネタ帳を用意している人もいますが、私はタイプとしてあまり記録しない方ですね。基本的に打ち合わせでも必要最低限しかメモを取らず、写真も海外旅行ですらほとんど撮りません。これは「本当に大切なことは記録せずとも覚えているもので、記録しないと忘れてしまう情報はさほど重要ではないだろう」と感じているからです。記録する人を否定するわけではまったくありませんが、記録に時間と手間を割くよりもその場で得られる感情や印象を受け取ることに集中して、余すことなく自分の中にインプットした方が役に立ちそうだなあと感じています。このインプット方法は「適度に知っていて、適度に知らない」状態にもつながりやすいので、僕の思考スタンスには向いているのでしょうね。

また、メモを取らずとも、たとえば本を読んだり映画を観たりした時に、自然と「この作品の面白さはどこをどう工夫して生み出されたのだろう」と考える癖がついていれば〝面白さ〟の法則を見つける訓練になります。

反対に、考えたことを常にメモしてそれを利用しようとばかりしていると本質を見失う可能性もあるんですよ。本来訴求すべき内容よりもメモに書いてある「ネタ」を優先してしまい、ズレた切り口のアイデアを無理やり商品に押しつけてしまうコワさもあるんです。似合わない服を着せてヨシとしているようなもので、商品の魅力が正しく伝わるわけがありません。もちろんメモを参考にしても、対象物に合わせてニュアンスや使い方を調整できる人は良いアイデアを生み出せますが、むやみにメモやストックに頼ろうとすると諸刃の剣になることも心得ておいてほしいですね。

まとめ

適度に知って知りすぎない
検索をガマンして頭で考えること

1. 商品やクライアントに必要以上に詳しくなりすぎない、ユーザー視点を維持
2. 仕事に関係ない時間をつくって、無意識の中で情報を熟成させる
3. メモを取らずとも〝面白さ〟の法則を見つける癖をつける

谷山雅計

［たにやま・まさかず］ 谷山広告　コピーライター　クリエイティブディレクター
1961年大阪府生まれ。博報堂を経て1997年に谷山広告を設立。主な仕事は、東京ガス「ガス・パッ・チョ！」、資生堂「TSUBAKI」、新潮文庫「Yonda？」、東洋水産「マルちゃん正麺」など。著書に『広告コピーってこう書くんだ！読本』『広告コピーってこう書くんだ！相談室』（宣伝会議）がある。

取材と距離

都築 徹

取材

あるBtoB企業に提案していたときのこと。高層ビルの陽当たりのよい応接室で、いつもは穏やかな広報部長が、語気を強めてこう言ったのです。

「証券会社だって我々のことや市場を調べてから来るのに、あなたたち広告代理店はなんだ。ろくに調べもせず、消費者目線、消費者目線の一点張りで、こちらがお願いしている内容は伝わらないと決めつけて、勝手なアイデアばかり持ってくる。そんな人たちの意見を聞けるはずがないでしょう」

以来、取材が私の仕事の「起点」になりました。競合プレゼンも例外ではありません。名古屋で戸建・マンション・資材を扱うデベロッパーのオリエンで、「取材させていただくことが、お引き受けする条件です」と切り出したことがあります。電通嫌いと聞いていましたが、目の前の若い役員は「ぜひ」と快く応じてくれたのです。結果、80人しかいない社員のうち20人以上、一人ひとり働いている現場にお邪魔して話をうかがったところ、「電通は、そこまでしてくれるんですね」と喜んでくれました。もちろん勝利して、今では指名となっています。クライアントは、何よりもまず自分たちのことを知ってほしいのです。

見立て

取材は限られた時間で行う場合が多く、手に入れられる情報には限りがある。そこで、事件捜査でいう「見立て」、つまり仮説を立ててから取材に臨みます。自分の知識と手元にあるわずかな資料、インターネットで検索できる粗い情報を手がかりに、クライアント・商品・市場を俯瞰して、できる限り自由に仮説を考える。さらにこの段階で最初のコピーを書くようにしています。メモではなくコピーにする手間をかけておくことで思考が深まり、「コピーを裏付ける資料や事実」を探すことで取材や資料集めの効率・精度も上がります。最終的なアウトプットを初動の段階から見据えて動くと、戦略から表現に至る途中のズレや無理な飛躍も生じにくく、机上の空論にもならないため、クライアントも腹落ちしやすいのです。見立てが外れることもありますが、仮説を覆す事実との出会いで道を間違えずに済むのですから、むしろ幸運です。

距離

グラフィックならアートディレクターがレイアウトを詰めている間、ＣＭなら監督が編集をしている間、コピーとビジュアル・映像の最適な間合いを探り続けます。この間合いを私は「距離」と呼んでいるのですが、絵とコピーの距離の取り方がつくり手の私の個性になっていると思います。コピーライターとして配属された部署には、私より随分年上のアートディレクターしかいませんでした。大先輩たちとの打ち合わせは「このビジュアルで、面白いコピー考えて」で終わり。まるで大喜利です。渡された写真（イラスト）と商品を眺めながら、締め切りまで必死に最適解を探していた日々が、距離をつかむ修行になっていたと信じたい。

一枚のグラフィック、映像のワンカットには、商品やブランドそのものに加えて背景にある哲学・歴史、時代の空気やタレントの個性など、先輩の大喜利とは比較にならないほど複雑な情報が見えないけれど映っている。その全てとの距離の調整を、一行で「仕留め」られるかどうか。コピーライターとしての力量が試される。痺れます。だから、時間のある限り何度でも見直している。長年携わっている東海テレビの仕事は、自分が見立てで書いたコピーに向かって撮影が進みます。膨大な撮れ高の中から監督と編集マンが15秒・30秒につないでくれた映像に、そのコピーを入れてみる。周りの意見も聞くけれど、最終判断は書いた私。結果、毎回ほぼ全てのコピーに手を入れたり、書き直すことになります。

時間の許す限り検証が続きます。編集マンから「今回は都築さんの〝仕留めた！〟があまり聞けなかったので、心配になりました」と言われたことがあります。絵とコピーの最適な距離を見つけられないと、誰よりも不安で落ち着かなくなるのです。編集室の片隅でコピーが浮かぶたびに急いで言い方違いを何種類もパワーポイントの1ページに1案ずつA1明朝で打ち込んでいき、ひとつずつ消していく。……これだ。緊張から解放された瞬間、安堵のため息をつくように「仕留めた」という言葉が出てしまうのです。

東海テレビ報道部

東海テレビ自社キャンペーンCMの4つ目で、東日本大震災を取り上げました。1年以上かけて実現にたどり着いた企画は、報道部にとっても私にとっても大きな転機となったひとつです。ついに本格的なドキュメンタリーに挑戦することになったからです。撮影前、私は3月11日には被災地に取材陣が押しかけるが、翌日は極端に取材が減ると見立てて、「3月11日　11時間52分」「3月12日　38分間」「震災報道は、ほぼ3月11日だけだ。」というコピーを書いていました。震災に関する1日の総放送時間をイメージしたアイデアです。東北へ向かった撮影班のカメラは、3月11日、サイレンが鳴り渡る南三陸町防災対策庁舎の前で黙祷を捧げる人々と、彼らに向かってシャッターを切る報道陣をと

東海テレビ自社キャンペーンCM
東日本大震災ドキュメンタリー（2014年放送）

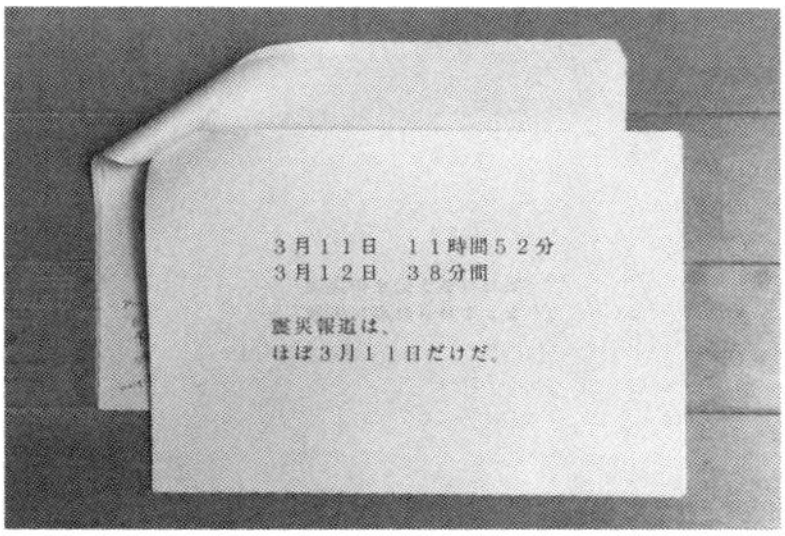

撮影前に「見立て」で書いた仮説コピー。

撮影後に書いたコピー。
3月11日と12日の、同じ時間、同じ場所の風景に、コピーがのる。

らえました。翌3月12日、同じ時間、同じ場所に三脚を立てて、全く同じアングルで、無人の防災対策庁舎前の風景を撮影しました。編集室で、その映像は静かに強い力を放っていました。自分が書き直したコピーは、「3月11日」「3月12日」「特別な日だけ思い出すのは、報道のせいかもしれない」。雄弁なこの絵に、コピーは最小限でいい。それが、自分の掴んだ「距離感」だったのです。

ここで、東海テレビ報道部の自社キャンペーンCMを、立ち上がりからご一緒してきた記者・プロデューサー・ドキュメンタリー映画監督である土方さんからいただいたメールを紹介させてください。

「僕は、サラリーマンになってから15年以上経ちますが、これまで、ここまで一緒になって成功を喜べる人がいた記憶がありません。その点については、中根（※東海テレビ報道部カメラマン）とも一致しました。誰かがうまくいくたびに、常にジェラシーや不安（そのうまくいった人と自分を比べて）など複雑な思いを抱いていました。それがたとえ、チームのメンバーだとしても。それが、こと都築さんに関しては一点の曇りもなく「なんとめでたいことよ！」と手放しで喜べるんです。そんな天使のような心持ちに僕らをさせていただき、感謝です。

その理由は、業界が違うからなどという単純なものではないと思います。我々が分析するに（中根と何度か「なぜ都築さんは心から応援したくなるのか」について話し合いました）おそらく都築さんの「ピュアさ」から来ているのではないでしょうか。もちろん、都築さんが、「大の努力家」で「ストイック」で「アイデアマン」であることは間違いないですし、それが都築さんの大きな魅力の一つであることに疑いはありません。しかしあくまでも、それらはプラスαに過ぎないのです。多分、そのプラスαの部分を持っている人は他にもいます。でも、都築さんほどのピュアさを持っている人はなかなかいません。おそらくサラリーマンとしては失格レベルのゾーンに入っているかと思います。「計算で弾き出したものではない純粋な何か」が溢れ出しています。その掛け値無しのありのままが、クライアントや審査員や視聴者を引きつけているんではないでしょうか。

そんな都築さんは僕らに、目の前の人の言葉をそのまま額面通りに受け取れるってなんと楽なことか、と気づかせてくれました。どっちが先に裸になるか。そして、先に裸になったもん勝ちという考え方は今の僕の仕事のやり方のスゴく重要な部分を占めています。そして、これからのモノづくりの世界は、ますます〝そっちの方向〟へ流れていくのではないでしょうか。打算や駆け引きやパフォーマンスではなく、「本物」でさえあれば、地方だろうが人脈がなかろうが活躍できる時代に。その意味では、これからしばらくは都築さんの時代（あわよくば、そのやり方を学んだ我々も…）かと思います。これからも、どうかそのピュアさを貫いてください。不器用などと言わず、時代が俺に追いついたと胸を張って頂ければと思います。

そして、もしまたこれから未来に何かモノづくりの場で一緒の空気を吸えるチャンスがあればどうかがっぷり四つに組んでやらせてもらえればと思います。あの、チームワークの素晴らしさは、何度経験しても良いものですから。あと、どうか身体には気をつけてください。どんなスペシャルな人も身体を壊してしまっては、元も子もありません。

そして、またお時間ある時に一緒にご飯を食べましょう。

東海テレビ報道部　土方宏史（ひじかたこうじ）」

クライアントの中にある（ときにはクライアントが気づいていない）意思を取材で浮き彫りにし、コピーにすることで、より高く、より遠くへ導く存在でありたい。それなりの年月をかけて技術を磨いてきたけれど、褒めていただいたのは生まれつきの性分（笑）。でも、クライアントと同じ船に乗り、同じ星をめざすチームになれたとき、つくづく幸せな仕事だと感じます。

誰かのために書く仕事

自分のために書いてばかりいる人は、賞はとれるかもしれませんが、尊敬はされません。身につけた広告技術は、誰かのために使わなければ意味がないのです。相手の意思を取材で見つけ、本音で話し、本当に必要なものを提案する。そうやって、お互いに敬意を払う関係になれると、この人・この会社を書くことで支えたい、考えることで力になりたいと自然に思えるようになります。そんな純粋な「衝動」があれば、アイデアが独りよがりになることもありません。「衝動」をチームのメンバーとも共有したいから、企画から制作まで、誰よりも笑い、誰よりも熱くなることを隠さないようにします。精神論だと笑う人もいるけれど、人が人のために考え、つくる仕事に、精神無くして何ができるのでしょう。これからも、誰かのために書き続けようと思います。

この拙い文章を、悩み多き若いコピーライターに贈ります。

まとめ

すべては、相手を知ることから

1. 持っている知識と情報で仮説を立て、コピーを書いておく
2. コピーを裏付ける事実を取材で探して、仮説を検証する
3. ビジュアル・映像との最適な距離を探りながら、コピーを強くしていく

都築 徹

［つづき・とおる］電通 CDC・中部支社兼務 クリエーティブ・ディレクター コピーライター セールスプロモーション・営業経由で現職。主な仕事は、マキタ「オレは、草刈だ。」「相方より、マキタが好き。」、東海テレビ報道部「戦争を、考えつづける」、レゴジャパン「せめて、想像力くらい豊かな国にしませんか。」など。主な受賞歴は、TCC賞、ACC賞グランプリ、ADC賞、ギャラクシー賞大賞、消費者のためになった広告コンクール金賞ほか。

考え始める前に考えること

中村 禎

どこからコピーを考え始めるのか、について。「1．オリエンをどう捉えるか」と「2．考えるスタイル」の二方向からお話しします。

1．オリエンをどう捉えるか

オリエンには二人で行く

仕事の依頼を受ける。最初に聞くのは、クライアント名だけの時もあれば商品名のこともある。そしてオリエン（またはキックオフミーティング）の日程を聞く。ここから仕事が始まるのだけれど、気をつけていることは「オリエンを聞くまで何も考えない」ということ。新製品でサ、とか、競合でサとか、いろいろ事前情報を聞くこともありますが、オリエンを聞くまで何も考えないようにします。先入観を持たないこと。真っさらな状態でまず話を聞く。

オリエンには「コピーライターとしての自分」と「消費者としての自分」の二人を連れて行きます。広告会社はよく、広告主と消費者の間に立つ、と言われますが、ボクの場合はどちらかというと消費者側にいて、その消費者のグループの先頭に立って、クライアントに接している、というポジションが好きです。クライアント側どっぷりになってしまうと、商品のことをつい褒めてばかりになってしまう。

広告会社は中立なんだろうけど、若干消費者側に重心が乗ってる方がいいと思っています。売り手側より買い手側の気持ちで話を聞く。デパートの実演販売員の話を一番前で聞いているお客です。まず「その商品（企業）に自分はお金を払うだろうか」と考えてみるのです。

オリエンは完璧な憲法なんかじゃない

その仕事が競合だったりすると、そのオリエンシートの一字一句を憲法のように読み込んでしまうことがありますが、それも気をつけたいことのひとつです。オリエンシートというのは、クライアントは良かれと思ってまとめてくれた文章なのですが、注意しないと建前ばかりの言葉が並んでいて、「人の素直な（正直な）気持ち」が省略されていることがあります。さらに、売る側だけの都合で書かれていることが多いので、それを消費者の財布がどう思うか？を考えながら「翻訳」します。

売り手が「買ってほしい人たち」と世の中の「買いたがっている人たち」が微妙に違うことがあります。競合プレゼンに勝つことしか眼中にない人（※）はこのオリエンシートから1ミリもはみ出さないようにしがちですが、ボクは逆で、オリエンシートを「ホントにそうかな？」と疑いながら考え始めます。オリエンシート通りの広告を提案しても「う〜ん、どうも、つまんないね」とボツになったプレゼンを何度も見てきましたから。つまり、クライアントもオリエン時にはまだ、どういう方向に正解があるかつかみ切れていないことの方が多いのです。（※競合に勝つことは大事です。ただ、勝つために「接待」する広告は作ってはいけない、という意味です）。

データを鵜呑みにしすぎない

オリエン資料に書かれているマーケティングデータ。ふむふむなるほど、と思って丁寧に目を通します。でもそれを鵜呑みにしすぎないように注意します。だって、その新製品がどうなるかなんて、誰にもわかりませんよね。いくらマーケティング調査をしたところで、世の中に初めて登場する商品が売れるかどうかなんてわからないはずです。

調査で未来の市場が正確に読めるなら、今まで発売されてきたすべての商品が全部ベストセラーになっていないとおかしいでしょ。ある程度の予測はできても、結局確率の問題。データは決断するときの安心材料でしかない。データは、アイデアの手がかりとして利用するようにしています。

ＨＯＮＤＡが大ヒット商品、スーパーカブを世に出す前の話です。本田宗一郎さんはこう言っています。「新製品を出すときに、その製品を見たことないお客に意見を聞いて何の役に立つんだ」「どう思われるか、調査しなければわからないような製品なんかつくるな」と。まったく同感です。さらにスティーブ・ジョブズの言葉。「どんなマーケティングでも、駄作をヒットさせることはできない」これも好きな言葉です。

なぜ広告なんかしなきゃいけないの?

オリエンを聞きながらこんなことを考えています。「なぜ広告なんかしなきゃいけないの?」と。どうしてこんなひねくれたことを考えるかというと、広告の目的をハッキリさせたいから、なのです。クライアントはこの商品をなぜ売りたいのか? その商品は消費者に本当に必要なのか? 買わなくても生きていけるのではないか? 買った方が幸せになるのか? どう幸せになるのか? 誰の何の役に立つのか？ 商品が売れれば売り手は喜ぶけど、買い手は喜ぶのか？ 世の中も喜ぶのか？ こう考えてみることで、広告の目的を丸裸にするのです。広告する「意味」を見つけ出す。要するに何や？ を見つける。コピーを書くのはそれからです。

「ウチじゃなくても言えますよね」

古い広告の教科書に「広告とは他社との製品の違いを伝えるもの」みたいなことが書いてあったと思います。クライアントも「ここが他社との違いだ」「これを大声で言いたい」とおっしゃる。いわゆるＵＳＰ（ユニークセリングプロポジション）ですね。でもボクはここでも「ん？」と思うことにしています。「他社との違いは確かにそこかもしれないけれど、それ消費者が欲しがっているポイントですか？」と考える。

ただ違いを叫ぶより、他社でも言えることだとしても、どこよりも先に、どこよりもチャーミングに、どこよりもわかりやすく広告できれば、それはストロングポイントになるとボクは思っています。「それ、ウチじゃなくても言えますよね」とクライアントは言いますが、ちっぽけな差異を大声で叫ぶだけが広告じゃないと思うのです。

どこの商品を選んでもそれほど大きな差がない場合、ややこしいことを一番わかりやすく説明してくれる広告や、好感が持てる広告の方がいい。商品性能の差がない場合、消費者は、どうせ買うなら、無愛想な人からではなく、いい笑顔の人から買いたいと思うはずですから。微差を声高に叫ぶ広告より、わかりやすくてチャーミングな広告の方が見てもらえると思うのです。

2．考えるスタイル

頭から血が出るまで

「何をどこから考え始めたらいいかわからない」という声があると聞きました。まずあれを考えて、次にこれを考えて、最後にそれを考えたらできあがる、なーんて順番はないのです。大先輩の言葉を借りれば「とにかく考えるんだよ。頭から血が出るほど考える。それしかないんだよ。」ボクもそう思います。だから、考えることに「飽きないようにする工夫」が必要なのだと思います。

いつも同じ方法で考えるのではなく、違ったスタイルで考えてみる。考える場所を変える。見える景色を変える。使う道具を変える。考える時間帯を変える。大事なのはいかに集中して考えたか、です。ただ長い時間考えたからエライというものではありません。

コピーを書く時間

最近ボクは、午前中にコピーを書きます。以前は夜中に長時間考えていたのですが、次の日、書いたものを見てみるとガッカリすることが多く、いいコピーが書けたとしても効率が悪いような気がして。考えてみれば、一日活動した夜に、ドロドロになった血液が流れる脳みそで考えてもダメなんじゃないか？ゆっくり睡眠を取った翌朝の新鮮な血液を脳に送ってコピーを書いた方がいいんじゃないか、と思うようになりました。

自律神経と血液についての話が書かれた、ある大学医学部教授の本によると、「朝は最も脳が活性化する時間帯」であり、「メールチェックや連絡会議など、頭をそんなに使わない作業に使うのはモッタイナイ」とある。朝は「もっと物事を深く考えたり、発想力を必要とする仕事に使うべき」とある。今はそれを１００％信じて、朝型にチェンジしました。

いきなり集中

とは言うものの、午前中にゆっくり考える時間が取れない日もあるでしょう。そんなときに必要なのが「いきなり集中」できること。これは脳科学者の茂木健一郎さんがおっしゃっていたことです。考える仕事をするとき、「ま、コーヒーでも淹れてから」とか「部屋を片付けてから」ではなく、もう「いきなり集中状態」に入れるようにせよ、と言うのです。

ボクはいつも「紙とペン」を持ち歩くようにしています。電車の中やちょっとした待ち時間に思いついたことや考えたことをメモできるように。「紙とペン」を手にすると集中できるように習慣づけるのです。それに、電車の中でケータイゲームをしているより、ペンを持って何か考えている方が、知的に見えるし（そんなことを考えてることがすでに、集中できていない証拠ですけどね）。

考える場所

デスクにずっと座って考えるというのが苦手でした。目の前に見えるモノが同じだとすぐ飽きる。見えるモノや景色が変わることで「そういえば……」と思いつくことがあります。だからボクは電車に乗っている人を見ながら、とか、人の往来が見えるカフェのような場所で考えることが好きです。ま、定点観測ですね。それと、新幹線や飛行機などの移動中に考えること。飛行機ではあまり景色は見えないのですが、自分が速い速度で移動しているので、なんだか脳が興奮しているのかもしれません。いろんなことを思いついたりします。

あと、「歩きながら考える」ことも有効だと聞いたことがあります。京都の哲学の道などは有名ですよね。いつも歩いている道は、考えるのに適した場所なのだそうです。「歩きながら考える」というのは、目に見えるものを動かしながら変えながら考えるということ。つまり目に入れる刺激を変化させて「そういえば……」と思いつくのでしょう。歩きながら考えて、立ち止まってメモをする。歩きスマホはしない派です。

先ほどの「いきなり集中」にも繋がるのですが「どこでも集中」できることも重要なのだと思います。

早い結論、良い結論

日本人にはどこか「長い時間考えたから、これは正しいのだ」とか「時間をかけないといいものはできない」という固定観念があり過ぎると思います。「重要な案件だから、ま、じっくり議論を重ねて」などと言っている。それって結論を先延ばしにしているだけ、じゃないですか？「早い結論、良い結論」という言葉を聞いたことがあります。締切までの時間はフルに使うとしても、これはある意味、正解だと思います。締切までは粘りますが、時間をかけたことを言い訳にしてはいけません。

「こうやれば答えは出てくる」という近道はありません。頭から血が出るほど考えるしかない。きつい仕事なのです。だから、楽しく考え、飽きない工夫が必要になる。そのやり方は人それぞれ。この項が皆さんのヒントになれば、幸いです。

まとめ

頭から血が出るくらい考えよう
考えることを楽しもう
そのために、飽きない工夫をしよう

1. クライアントもオリエン時はまだ正解をつかみきれていない
その上でオリエンシートを疑いながら見る

2. ちっぽけな差異を大声で叫ぶだけが広告ではない

3. 紙とペンを持ち歩き、どんな場所でも、いきなり集中する

中村 禎

［なかむら・ただし］　フリーエージェント　コピーライター
1957年生まれ。JWトンプソン、サン・アド、電通を経て2016年フリーエージェントとして独立。TCC最高新人賞、TCC賞、TCCグランプリを受賞。主な仕事に、KDDI「つまんない広告をする企業は、ほぼ、つまんない。」、星野仙一「あ〜しんどかった（笑）」、資生堂「夕方の私は何歳に見えているだろう」ほか多数。著書に『最も伝わる言葉を選び抜く コピーライターの思考法』（宣伝会議）がある。

左脳の右脳化

渡辺潤平

アイデアの起点を語る本で、こんなことをいきなり書くのは顰蹙《ひんしゅく》かもしれませんが、基本的に僕、自分の中に存在する「発想」や「感性」といった類の能力に、まったく期待をしていないんです。そもそも自分がクリエイターであると自覚したこともないですし、アイデアで世界を驚かせるなんて野心を持ったことなんて一度もない。では、自分の強みは何なのか？

思うに、僕が今日までコピーライターとして何とか続けてこられたのは、右脳的なひらめきに頼ることなく、自分なりにルールを決めて、アイデアを左脳的な「作業」として生み出してきたからなんじゃないかと考えています。

答えはいつも、相手が持っている

コピーを書く際も、ＣＭの企画をする際もそうですが、僕は常に、相手の側からアイデアの核を引き出すようにしています。「相手」というのは、広告の受け手となる世の中の場合もあれば、チームを組むクリエイティブディレクターやアートディレクターの場合もあるし、プロジェクトを管理する広告会社の営業担当だったりもします。が、僕の言う相手とは圧倒的に「クライアントの担当者」です。

僕たち広告制作者は、同時にいくつも抱える案件のひとつとして、そのプロジェクトを担当することが一般的です。つまり、24時間その商品のことだけを考え、胃をキリキリさせるというケースはほとんどありません。仮に、その案件が思うように進まなかったり、途中で終わってしまったとしても、翌月にはもう他の案件に夢中になっている。1年後には、競合他社の商品を担当している場合だってある。けれど、クライアントの担当者はそうはいきません。その商品と一日中向き合い、寝ても覚めてもその商品のことを考え、やっとのことで広告予算をかき集めて、僕たちに対峙してくれている。もし、その商品が思うように売れなかったとしたら、その先のキャリアが思い描いたものにならないことだってある。そんな人の想いやこだわりに、僕のそれが敵うはずないし、自分の方がその商品について多くの情報を持っているなんてこともありえない。そう考えると、言葉や企画の芯となる価値は、いつも相手が持っているはずなんですよね。だったら、それをうまく引き出すことこそ、僕の重要な役割なんじゃないか。そう考えるようになったんです。

青森の恐山に、イタコと呼ばれる方々がいらっしゃいますよね。「口寄せ」と言って、あの世にいる方々の霊を呼び出すという、特別な術を受け継ぐ方々。超常現象的なことを信じるかどうかはまったく別の議論として、イタコの方々が持っている素質って、自分に依頼をした人(つまりクライアント)が、どんな言葉を欲しがっているか? つまり、何を言って欲しくて自分に仕事を頼んでいるのか? それを見極める力なのではないかと思っているんです。

コピーライターの仕事にも、そういう要素は多分にある。それが僕の考え方です。自分にコピーを任せてくれた相手が、どんな言葉を世の中に放ちたいと願っているか。そこをしっかりつかむことが、アイデアの起点と言えるかもしれません。

相手の話をよく聞く

コピーを書くとき、僕が何より意識しているのは、コピーの材料をしっかりと引き出すことです。材料とは、オリエンシートに書かれた情報の裏側にあるもの。すなわち、クライアントの「本音」に近い、気持ちの部分の話です。なので、僕はオリエンテーションの場を重視しています。オリエンの場で大事なのは、商品情報を一通りインプットすることでも、競合相手チームのメンツを探ることでも、気取った質問をしてわかってる感をアピールすることでもないと思います。僕が重視しているのは、相手がちゃんと向き合ってくれる環境をつくること。謙虚に、誠実に、相手の話を聞くこと。自分の視点で感じた疑問を、素直にぶつけることです。それから、粘ること。オリエンが終わり、みんなが席を立つ瞬間に、担当者の口からポロリとこぼれた一言が、ものすごく核心をつく言葉だったりする。それを拾うために、じっと待ちます。最後まで注意深く、耳を傾ける。僕にとっては、それが発想の第一段階ですし、この瞬間に思いついた言葉の種が、大きなスローガンへと育っていった経験が何度もあります。

寝かさず、すぐにやる

オリエンが終わり、いよいよ仕事がスタートします。まずは各々でじっくり考えてもらって、最初の打ち合わせは1週間後ぐらいに…みたいなことってよくありますよね。けれど、そんなことを言いながら、1週間かけてみっちり考える人なんてほとんどいない（はず）。ほとんどの人は、他の業務に追われたり、うっかり飲みに行っちゃったりして、オリエンの記憶もボンヤリ薄らぎ始めた締切2日前ぐらいから「あ、そろそろあれヤバイなぁ」と憂鬱になり、前日の夜に焦りに焦って企画を出す。ということを繰り返している（はず）です。僕自身、そんな悪いループにどっぷりはまり込んでいて、それが本当に嫌だった。なのである日、仕事のやり方を変えてみたんです。とにかく、早く考える。先に考えておく。

人間は忘却してゆく生き物ですから、オリエンでインプットされた情報の密度はどんどん薄くなっていく。ここは大切だな…その時、そう感じていた何気ないやりとりも、3日も経てばすっかり忘れてしまう。これじゃあ意味ないですよね。一気に情報を取り込んで、脳みそにその熱量がこもっているうちに、言葉にしておく。企画にしておく。自分にとっては、それが一番心地よい作業のペースです（実はこの原稿も、宣伝会議さんからオリエンをいただいた翌日に書いています）。初期衝動で書いたコピーには、相手の想いがダイレクトに反映されたものが多い。つまり、意味的に言うと「正解」に近いコピーが多く噴出されるように思えます。まずは正解をしっかりカタチにしておいて、次にそれとはまったく違うアプローチで、いろんなコピーのアプローチを野心的に探っていく。必要な情報が濃密に反映された前半戦と、自分の挑戦したいことに重きを置いた後半戦。その時間軸が、表現の可能性の幅を生んでくれているように思います。

ダメ出しに強くなる

思い描いたアイデアが、何の波風も立たず、最後までちゃんとカタチになる。そんなこと、広告の世界においては惑星直列並みの奇跡と言っていいかもしれません。広告とは長い時間と途方もないエネルギーをかけて熟成された「商業」ですから、無数のハードルとトラップとどんでん返しがそこには存在します。企画開始時と実制作期のたかが数ヶ月の間に、商品を取り巻く環境がすっかり変わってしまい、当初書いていたコピーがまったく意味をなさなくなってしまうなんてことも、当たり前のように起こります。

肝心なのは、ここで緊張の糸をプツンと切ったりしないこと。ダメ出しややり直しを逆手にとって、さらにいいアイデアを生み出すチャンスに変える胆力を持つことです。いくら文句を並べたって、結局やらなきゃいけないことには変わりない。だったら、さっさとやる。前向きにやる。そのためには、一つのアイデアに固執しないことが大切だと考えています。「ああ、あのアイデア、やりたかったなぁ」「突然やり直しなんてヒドすぎる」「ショックがデカすぎて、何も思いつかない」なんてこと、露ほども思わず、さっさと忘れる。一見、「この人、ドライすぎるんじゃない?」と思われたとしてもお構いなし。パッと次に進んだ方が、よりフレッシュな状態でアイデアの起点に立ち戻れる。1が0になってしまったら、落ちた弾みで1・5にしてみようと企む。少なくとも、1・1ぐらいには持っていけるように歯を食いしばる。このとき生まれる力が、僕の発想の筋力を鍛えてくれたように思えます。でも本当は、波乱なくスムーズに行くのが理想ですね、やっぱり。

なるべくたくさん仕事をする

ミュージシャンやアーティストと呼ばれる分野の方々は、「充電期間」と銘打って、長く活動を休止することがありますよね？　僕、あれがずっと疑問なんです。そんなに長く休んだら、がんばることがバカらしくなっちゃって、何かを考えることすら面倒くさくなっちゃうんじゃないか…。ある時、音楽関係者の方に、思い切ってそこらへんのことを尋ねてみたんです（大きなお世話ですね）。返ってきた答えは、「ああ、あれね、ほぼサボってるだけだから」。

…やっぱり。アイデアを生み出すという作業において、心身が健康であれば、充電期間なんていらない気がするんです。博報堂に入社した頃、クリエイティブ研修の講師としていらっしゃった巨匠CDが放った一言が、今も胸に焼きついています。

「仕事のインプット？　そんなもん、仕事でできるだろ！」

今となっては、たちまちブラック認定されてしまいそうな発言ですが、キャリアを重ねるほどに、この言葉の重みを実感することが多いです。

本を読んだり、映画を観たり、人と会ったり、スポーツをしたり。仕事以外の刺激が、コピーを書く上での材料となるのは言わずもがなですが。アイデアを生む作業に直接作用してくれるインプットは、圧倒的に他の仕事で得た知見や、刺激や、感情や、人間関係だったりします。

とある競合コンペ、エキセントリックなCDの下で、ボロボロになるまでコピーを書きまくった。

かつてない緊張感に支配された状況で、何日間も脳みそを酷使した経験が筋肉となって、次の仕事にそのまま生かされていく。アパレルの案件で猛烈に勉強した、流通に関する知識が、数年後の食品の案件で思いがけず役に立つ。広告の仕事の面白いところは、あらゆる業界の核心に近い情報を、短時間で一気に吸収できることです。新しいクライアントに出会うごとに、知識の貯水量も増えていく。そう考えると、できるだけ多くの仕事を経験した方が、アイデアの「資源」とも言える知識や経験を、自分の中に多く取り込むことができる。僕はそう確信しています。

安定した出力をキープする

コピーライターの肩書をいただいて、18年が経ちました。客観的に振り返ってみると、しっかり結果が出ていた時期もあれば、思うようなコピーが書けず模索していた時期もあります（その最中には気づいていない）。ただ一貫して言えるのは、何かに現を抜かしてコピーをおろそかにした時期はない、ということです。

僕らはプロです。広告のプロです。広告は自己表現の手段じゃないし、アート活動でもありません。商業です。仕事を受けたからには、常にいいコンディションでベストなパフォーマンスを発揮できないといけない。「不安定は悪である」。僕は常々そう考えています。いつでも安定して、強いコピーが書ける。いい企画が出せる。そのための体調管理や、精神的なコンディションの維持にも徹底的にこだわっていきたい。そう考えると、僕もまだまだ未熟者です。優れたコピーライターになるには、人間としての成長が一番大切なんですよね、きっと。

まとめ

感性に頼らず、左脳的な「作業」で
アイデアを生み出していく

1. オリエン後、熱量がこもっているうちに、すぐ言葉にする

2. 一つのアイデアに固執せず、ダメ出しを、さらにいいアイデアを生むチャンスにする

3. アイデアの資源は多くの仕事経験から得られる

渡辺潤平

［わたなべ・じゅんぺい］　渡辺潤平社　コピーライター
1977年千葉県生まれ。早稲田大学教育学部卒業後、博報堂、groundを経て渡辺潤平社設立。主な仕事に、千葉ロッテマリーンズ「挑発ポスター」シリーズ、日経電子版「田中電子版」、三菱地所グループ「三菱地所を、見に行こう。」、渋谷パルコ「SHIBUYA, Last Dance_」など。京都精華大学非常勤講師。宣伝会議賞中高生部門審査員長。

発想のカギは

思考法

一歩目の覚悟

麻生哲朗

企画の最終形を「終点」として、そこに行き着く「道筋」があり、だから当然「起点」がある…のならば、起点そのものはやっぱりオリエンにあるんだと思う。どんなに商品と乖離《かいり》しているように見える企画でも、オリエンと無関係に企画がスタートすることはないし、そういう作り方は僕には、（能力として）できない。

オリエンの次の点、つまりそこからゴールまでの「第一歩」をどこに踏み出すか、なら少しは話せることがある。ただそれは、一歩目が見つかれば、その後の道筋が見えてきてアイデアに昇華されていくような、気楽な一歩という意味ではない。むしろその一歩目こそがほぼすべてを決める、覚悟の一歩という意味だ。だから、なかなか踏み出せないし、逆にその一歩を踏み出せたなら、その瞬間企画はほぼ見えている。それはその一歩目を間違えたら、企画は目指すべき終点には到底たどり着かない、ということでもある。

不安定の中にある大事な一歩

終点までの明確な一本道を、はじめからわかった上で進んでいくことはそもそも不可能だ。イメージは、「道ではないところ」を踏まないように歩き続けると、結果的に残されたところが道だったという感触が近い。そこが道なのかどうかの「違和感」に、常に苛まれているという言い方もできる。とてもとても不安定な、感触の中に、いつもいる。

不安定であるというのは、どちらにも転ぶことができないという感覚で、もし丸太の上に立っているのだとしたら、偏ればどこかに落ちてしまうような状態。でもそこにこそ、置くべき大事な一歩があるんじゃないだろうか。

何が言いたいかというと、企画をしているとき、頭なのか胸なのかの中に、いくつかの、相反する対立項があって、僕はいつもその間で、答えを探している、ということだ。

「左脳（理屈）」と「右脳（感覚）」

たとえばオリエンの理解は、いわゆる左脳でしている。情報に優先順位をつけたり、資料の矛盾を確認したり、結局目標はなんなのか整理したり、そういうことは感じているというより考えている。一方で、そのＣＭが世の中に出たときに、どんな感情、たとえば笑うのか、泣きはしないにしても少しざらつくのか、笑いの中でもバカバカしいのか、皮肉をはらんでいるのか。どんな感触を残すことがふさわしいかは、おそらく右脳的に感じ取っている。平たく言えば「こういうの…見たくないな」「こういうの…ちょっと見てみたいな」に素直に反応している。だから企画のときの頭の使い方は、右でも左でもないし、右でもあり左でもある。右で感じた何かを左に放り投げ、左で考えた何かを右に放り投げる。ウマが合うところもあるし、合わないところもある。つまり違和感がある。だからまた右に左に、反復する。振幅が段々小さくなってくると、理屈が姿を消して感覚的なものになっていたり、今回作るCMがその感触である必然を、ある程度説明できるようになっていたりする。「右」と「左」どちらでもないところで、あるべき企画を探そうとしている。

「新しい」と「わかる」

広告は、鋭いものでも穏やかなものでも、ある種の刺激だから、なんらかの「新しさ」が必要だ。けれど完全に新しいものは、誰にも理解されない。マルコ・ポーロがジパングの話をして嘘つき呼ばわりされたみたいに。つまり広告はやっぱり、ある程度わかってもらわないといけない。一方で、完全に理解していること、わかりきったことは無視される。みんなとまったく同じでは、それはそれで広告にならない。この「新しい」と「わかる」の間で、悩み続けるのが企画の大半であるとも思う。その両者でもあり、両者でない場所。それを探すための僕なりの、現時点での勘所はいくつかある。それが完成形とも思えないので、自分のためにあえて一言ではまとめないけれど、少なくとも大切な前提は、誰も通ったことのない道ではなく、みんなが通っている道を歩く日々であること、その中で答えを見つけようとすることだと今は思う。それと同時に、先陣を切ってその道を歩くのではなく、みんなと足並みを揃えて、むしろあらかたみんなが通った後に、その道を歩くということも大切にしている。最先端や流行は、実は効く広告にならないと、おそらく僕は思っている。

「今」と「それから」

同じような観点で、少し違う対立項がある。

広告は、出稿された瞬間、世の中に反応してもらわなくてはならない。芸術は時間が評価するけれど、僕たちの仕事は、それを待ってはいられない。その瞬間の反応がなければ意味がない（とされてしまう）。一方で、後々見返しても、いい広告だったと思ってもらえるようなＣＭでありたいという欲なのか願いなのか、は消えない。その瞬間は良かったけれど、ちょっと時間が過ぎたらサムい、ものにはなりたくない。「今」受け入れられることと、「それから」も古びないこと。正直これには確たる答えはないのだけれど、少なくとも今しか受けないなとか、その場しのぎだなという企画の芽は、摘むことができる。難しいのは、やるなら今しかない！という企画、それを後々まで愛せる（愛される）ものにできそうかどうかというとき。もちろん正解は時間が経たないとわからないが、そういうときは、この企画を、他でやられたら後悔するかどうか、を基準にしているように思う。

「知ってる」と「知らない」

僕のフィールドは映像が中心で、だとすると国内の広告でキャスティングの悩みから逃げることはできない。もし僕が自分の企画を、本当に好きなようにキャスティングしたら、おそらく世の中的には地味と言われるものになる。地味にしたいわけではなく、「役者としての力量はあるのに、広告実績はない」人ほど、本当は強烈な鮮度を持っていると思っているからなのだが、これはなかなか理解されない。というか安心されない。自然、ある程度（かなり）著名なキャスティングをすることになる。けれど知名度のある人ほど、複数の広告に出ている可能性は高く、それはつまり著名な人ほど、広告におけるオリジナリティを、結果どんどん弱めているということでもある。その人の売れてる感じ（知られてる感じ）にのっかる、という考え方もあるだろう。その瞬間は両者にプラスなのかもしれないが、僕の感触としては、それはかなり早いタイミングでお互いを消費しあう関係、つまりとても危険な関係だ。

そんな中でも「みんなが知ってる人」を起用する場合、できるだけその人の「まだ見たことがない部分」があるものにしたいと思う。少しハードルを下げるとしたら、少なくとも広告では見たことがない部分、ということかもしれない。「知ってる」けど「知らない」。気をつけるべきは、その人の中にないであろうことはやらない、強要しないということ。あったけど隠れていた、あったけど見えていなかった(ように感じる)、そんな一面を出せそうかどうかを考える。タレントがすでに決まっているという仕事だってある。そういうときは、むしろこの辺りが企画のきっかけになったりもする。商品より何より、まずそのタレントを使うことがオリエンの最重要事項なんだとしたら。

出すべき一歩がパッと見える

「作る自分」と「見る自分」

企画を判断するとき。企画をしている(作っている)自分以外に、誰の目を想定するか。一番信用できるのは誰なのか。テレビでCMが流れ、誰かが見ている。テレビはマス広告だ。でも一台のテレビの前に、群衆はいない。一台のテレビには、一人が向き合っている。恋人同士で見ていても、家族で見ていても、それぞれがテレビと向き合っている。テレビは、群衆への演説ではなく、その一台の向こうの誰かとの対話だ。作る僕は、一台のテレビを介して誰と向き合っているのか。結局そこに置く「誰か」は、自分しかいないと思っている。「作る自分」と「見る自分」。自分が一番信用できる、というより信用せざるを得ないのだ。「作った僕はつまらないと感じているけれど、目に見えない群衆は面白いと言ってくれそうだ」と「自分は確実に面白いと思っていて、あとは同じように面白いと思ってくれる人がどれだけいるか」と、どちらが面白さの確率として高いかでいえば、圧倒的に後者だと僕は思う。そうでないとしたら、僕の感受性が、そもそもかなり異質ということになる。そんなことはないだろう。普通に人を好きになり、嫌いになり、程度差はあれど、一般的な喜怒哀楽で日々を生きている。だとしたらそれを信じて、面白いと思うものを探した方が確実じゃないだろうか。自分がつまらないと感じることに、ある程度自信があるとしたら、他の人がそれを見たってつまらないんじゃないだろうか。どちらにしても、まず最初の一人を確実に仕留めなければ、先はないと思うのだ。そして最初の一人には、自分しか置けない。

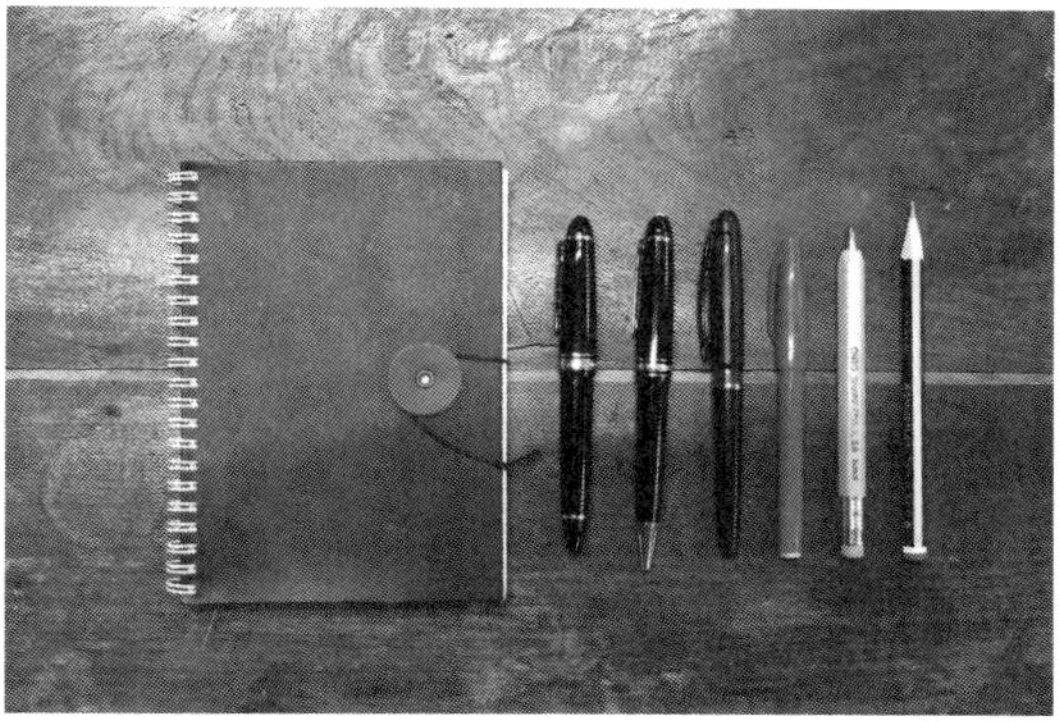
仕事道具

そこを拠り所にするときに、注意していることを強いて挙げるとすれば二つある。ひとつは神の視点、のような広告にならないこと、「関係者」が語っているかのような語り口にならないこと。もうひとつは、できる限り「好み」で決着が付けられないような企画にしたいということ。たとえば「可愛い」とか。

おそらく僕は、こういった、いくつかの「ああでもない」と「こうでもない」の間を行ったり来たりしながら、企画の一歩目を探している。そこに効率はない。マニュアルにすれば楽になるかもしれないけれど、飽きたくないし、だからなるべく

「その都度」その商品が持ついくつかのヤジロベーに身を委ねる。身を委ねていると、出すべき一歩が、パッと見えたりする。そこは様々な不安定な要素があるからこそ、ここしかないという場所だ。そこに立てた以上は、あまり心配しなくていい。なぜなら、その商品にしかないヤジロベーの末に立った場所、つまりオリジナルな場所のはずだから。

その一歩をどう探すか、の近道がないから、この仕事はいつまで経っても面白い。

まとめ

「新しい」と「わかる」、「今」と「それから」、
「知ってる」と「知らない」、
相反する対立項の間で答えを探していく

1. 左脳で理解した理屈と、右脳で感じた感覚を行き来させる
2. 完全に新しいことは理解されない。一方でわかりきったことは無視される。その間を考えるのが企画
3. 「作る自分」と「見る自分」、両方の感性を信じる

麻生哲朗

［あそう・てつろう］　TUGBOAT　CMプランナー
1996年電通入社、1999年にTUGBOAT設立に参画。主な仕事に住友生命「1UP」「dear my family」、NTTドコモ「ひとりと、ひとつ。」「Style'20」、大塚製薬「イオンウォーター」、JRA「夢の第11レース」「HOT HOLIDAYS！」など。ACCグランプリ、ADC賞、TCC賞はじめ受賞歴多数。SMAP『Dear WOMAN』、CHEMISTRY『PIECES OF A DREAM』等の作詞も手掛ける。

書きたい気持ちをムクムクさせる。

児島令子

コピーを考える起点について、４０００字程度で書いてください という依頼。うーん、困りました。私の場合、コピーの発想は「思いつき」。起点も、途中の経過点も、ただ考える。思いつくまで考えつづける。ただそれだけ。以上。（これじゃ１００文字もいかないですね。）では、思いつきとはなんだろう? 思いつくために私は普段どんなふうにしてるのか? そういうことを書けば何か見えてくるだろうか。誰かの参考になるのだろうか。とりあえず、筆を進めてみることにします。

思いつくために必要なことは、「思いつくための環境」と「思いつくためのメンタル」、このふたつです。まず、思いつくための環境とは、私にとってはノートです。ノート命です。ノートがないと何もできません。散歩中にふと思いついたとか、バーのカウンターで浮かんだとか、そういう降りてくる系の人もいるらしい。ステキです。でも私は無理。なぜなら私は、コピーを考えようとしないと、コピーは思いつかないからです。私が考えてないときにはコピーは存在するのかどうかわからない。私が考えたときだけコピーは姿を現す。なんか量子力学的な香り。シュレディンガーの猫みたいな。こういう科学ネタ、好きなんです。まったくの文系なんですが、趣味としてブルーバックスシリーズを、科学的にでなく文学的に読んでます。

頭の中を可視化する。

考えようとしないと思いつかない↓思いつくための道具↓それがノート。昔は紙のノートでした。ミッフィーちゃんとかシナモンくんが表紙のファンシーなやつ。仕事ごとにノートを分けて楽しくやってましたが、いまはすっかりデジタルに移行しました。ファンシー成分は、ＰＣの壁紙を可愛くするなどして担保しています。

Ｍａｃのテキストエディットという超シンプルなアプリケーションを使ってます。ツールバーが必要最低限で、複雑なことはできません。この素朴さが紙に近い感じで好き。Ｗｏｒｄだと多機能だけど事務事務していて、どうもコピー書く気分にならなくて。

紙でもデジタルでも、やることは同じ。まず、オリエンや資料を読んで、大事と思った部分だけ書き出す。大事なことはそう多くはない。このノートをオールインワンにしたいのです。それがシンプル。思いつくためには、シンプルって大事。

で、次はもう、いきなり思いつくコピーを書いていきます。最初はそんなに確信的なコピーでなくてもとりあえず書く。それが呼び水になるから。連想ゲームのように思いつきを発展させ、思考をブラッシュアップしていく。ひとつのコピーからの連想が止まったら、また別の鉱脈を探す。この作業をひたすら、ひたすら、やります。

ノートはページ表示にせず、スクロールで全体を見られるようにします。ノートはいまの自分の頭の中です。頭の中を可視化してる状態。ああ私いま、こんなことを考えてるんだなと。

視点をズームアウトする。

ここまで書いて、「だからその、最初の思いつき方を教えて欲しいの。具体的に書いて!」と、声が聞こえてきました。ですよね。えーっと、いちばん普通のやり方は、アドトランスレーションですかね。クライアント言語を、ユーザー言語に翻訳する。でもね、こう書いたとたん机上の空論ぽくないですか。ほんとにいちいちこんなこと考えてコピーって書いてます?

いいコピーは結果としてそうなってるのですが、思いつくときは、ただ思いつく。直線的に。いま、この商品で、どんな言葉があると刺さるかな?新しいかな?それが大事。その方向に向かって思いついていく。理屈より感覚。いい感覚の言葉には、美しい理屈がついてきます。きっと。

で、ここからは「思いつくためのメンタル」の話です。いいコピーは、理屈じゃなく気の持ちようで書けるんです。コピーってこんなもんだという狭い枠に自分を閉じ込めず、できるだけ自由になって考える。なかなか難しいけど自由なぶん楽しい。楽しいは、いいコピーの素。

私は、視点をズームアウトして考え始めるようにしています。商品の情報を知れば知るほど、近視眼的な見方になってしまいがちですが、なるべく引いて俯瞰で見るようにします。本屋さんに行ってもいいし、ネットサーフィンでもいい。世の中を見る。何か自分が気になる楽しくできそうな入り口を見つけたら、商品と結びつけてみる。

あるいは、もっと自分の土俵に持ってくる手もあります。自分の好きな世界、興味のあることと商品の接点を探し、というか作り出し、というか捏造し、いや仮説を立て、ひとつの思想にしていくスタイル。うまくいくと、こっちの方がいいコピーが生まれます。

もうね、世の中にあることは、すべてその商品に関係してるんだくらいの居直り精神でいけばいいんです。ミクロな世界で起こっていることは、マクロな世界でも起こっている。量子の世界と宇宙の世界が似てるって説もあるしね。商品と世の中は相似形かもしれない。それに物事は、俯瞰化した方が普遍化しやすい。どんなやり方でもいいけど、とにかく自分が楽しくないと始まらない。書かされているという状態になってしまうのは最悪。これ言いたい！という書きたい気持ちがムクムクする起点を見つけることがとても大事。いいコピーは、ハウツーよりも、メンタルです。

「ひと粒の思い」を見つける。

思いつき方は、その仕事がどういう案件かによっても変わってきます。言いたいことがはっきりしてる商品広告の場合は、思考に制約ができ比較的思いつきやすいでしょう。でも、ブランド広告や企業広告など、機能的に言いたいことがあるのでなく、世界観や姿勢やメッセージを伝えたい場合もあります。そんなときの起点はどこにあるのでしょうか。漠然とした状況から、これを書こうという方向性のある状況にするための起点とは？

日本ペットフード企業広告

それは、「ひと粒の思い」を見つけるということ。私は以前、日本ペットフードの企業広告で「死ぬのが恐いから飼わないなんて、言わないで欲しい。」というコピーを書きました。これの起点は、ボディコピーの中にある、「すごく生きている」という言葉。これが「ひと粒の思い」です。愛犬が死んだ、悲しい。でもあの子、すごく生きていたなあ。この思いをもとに、人とペットの本質に迫りたい。すごく生きているという概念を起点に、キャッチとボディを書きたい。自分が信じられる確かな、ひと粒の思いを起点にすれば、コピーはムクムク書きたくなるのです。

もうひとつ例をあげるなら、私がいま担当してる、earth music&ecologyというファッションブランドの広告もそう。earthの場合はまったくもって制約がない。何を書いてもいい。春夏秋冬シーズンごとに、３６０度広がる世界から、テーマを自分で設定し、「ひと粒の思い」を見つけ出さなくてはいけません。思いつくためのメンタルがすごく必要になってきます。やり方としては、季節感や時代の空気や、政治経済社会その他いろんな客観を意識して、その客観という土壌から主観を取り出す。無から有を生むメンタル。よりどころなど何もなく、書きたい気持ちになれるかどうかだけがよりどころになります。毎回とても苦しくて、とても楽しい仕事です。

もうひとりの私が書くコピー。

さてこうやって、ノートという「思いつくための環境」のもと、「思いつくためのメンタル」を鍛えながら、書きたくなるコピーをたくさん書きためていったその次は?

ここからが大事なんですが、次にこのノートにないものを考えるんです。つまり、「自分がいま、考えていないことを考える」。じつは、そこが本当の起点になるのかもしれません。それまでは、そこに行き着くための準備運動だったのかも。

もちろんそこに至るまですご〜く考えたんだから、すでにノートにある中からいちばんいいものを選んで提案しても成立はします。ですが、なんかいまの時代、それじゃもうダメな気がするんですね。一回捨てることが本当の起点かなと。起点を意識して起点を厳しくする。より突き詰めた起点から始めれば、自ずと出てくるものも違ってきますよね。

正直言って、最初の起点なんてたいした問題じゃない。天才じゃない限り、最初に考えることはみんなそう大差ない。そのあとどこまで粘れるか、思考を広げられるか、転換できるかです。第二の起点を意識できるか作れるか。コピーに限りなんてないんです。締め切りだけが限りです。

いま、最新の宇宙論では、宇宙はひとつじゃないそうです。単一のユニバースでなく、複数のマルチバース。複数の宇宙たちは、私たちの宇宙のすぐ隣にパラレルワールド的に存在してるという説。

ここからは私の妄想ですが、私というコピーライターは、この宇宙以外にもたくさんいて、今日も同じようにコピーを書いている。でも私とは違うコピーを書いてプレゼンして生きてるはず。つまり別の宇宙の私は、私の可能性なんだ。別の宇宙の私が書くコピーを、この宇宙にいる私も書けるはずだ。なぜなら同じ「私」なんだから。と考えると、まだまだ粘れるし、ほんとにそうやって粘っていると、最初に考えたときには思いもよらなかったコピーが生まれることもあります。最初の起点にいる私から見れば、第二の起点を経た私は、パラレルワールドの私に見えるでしょう。

なんとか4000字、ゴールできました。さて、別宇宙の私は、この原稿、どう書いたかな？

まとめ

いいコピーは、ハウツーよりも「書きたい」というメンタルが生む

1. 理屈より感覚。この商品で、どんな言葉が刺さるか、新しいか
2. 自分の興味のあることと商品を結びつけてみる
自分が信じられるひと粒の思いを見つける
3. 書きためたコピーを全て一回捨て、思考転換
自分がそれまで考えていないことを考える

児島令子

［こじま・れいこ］　児島令子事務所　コピーライター
主な仕事に、earth music&ecology「あした、なに着て生きていく？」「服着る平和を、あさっても。」、LINEモバイル「愛と革新。」、STAND BY ME ドラえもん「すべての、子ども経験者のみなさんへ。」、JR東日本「大人は、とっても長いから。」、ANA「別ヨ」、パナソニック「私、誰の人生もうらやましくないわ。」、サントリー「ウイスキー飲もう気分。」など。TCC最高賞ほか受賞多数。

新しい世界を見るために、やるべきこと

小西利行

〝ファーストはてな〟を解消する

まず、僕は「これ、売れるかな?」「これで伝わるのかな?」といった疑問を感じたら、必ずメモに書き留めておきます。打ち合わせを重ねれば重ねるほど、情報を集めれば集めるほど、自分の視点が一般消費者から遠くなっていく。だから最初の感覚を記録しておかないと、ちゃんと消費者に届くメッセージを考えられなくなるんです。この最初に浮かんだ疑問のことを〝ファーストはてな〟と呼んでいます。初めて商品やサービスを見た時に「これで買う?」と疑問を感じたなら、必ずそのファーストはてなを解消するアイデアを考える。商品やサービス自体に課題を残したまま美しいコピーだけくっつけても売れないですからね。

打ち合わせがどんどん進んでも、「あれ?」と疑問を感じたらすぐにファーストはてなに立ち戻るようにしています。企業はリスクを避けますから、「これはできない」「あれもできない」と消去法になりやすく、どんどんアイデアが萎んでいって、気づけばできることを探すようになる。うっかりすると、

ファーストはてなを解消しないまま「うまくまとめる」方向に進んでしまいがちです。なんとか妥協点を見つけて、それをうまいことまとめるのもひとつの方法ではあるのですが、それだといいアイデアは生まれません。だから適宜ファーストはてなと照らし合わせて、解消できていないと思ったら「最初にこんなんじゃ売れないって話をしていたよね。このやり方でいいんだっけ？」と問題提起して、またゼロから練り直します。あらゆる制約の中でも「うまいことやってやろう」ではなくて「最初に感じた疑問を解消してやろう」と考えるんです。全員で目線を合わせて最高のゴールを目指すためにもファーストはてなを意識して、「これは良くないのではないか」という問題意識を最初に共有すべきですね。

最初のアイデアは捨てる

ただ、僕は、最初に思いついたアイデアは捨てます。というのも、自分が凡人だと思っているから。僕は突飛なことを考えるのが苦手なんです。普通の人よりは発想力があるけど、あくまで富士山。チョモランマに比べたら低いんですよね。博報堂時代に、僕の師匠から「同じ面積の三角形と台形があったら、三角形の方が高いだろ？ でも、お前は三角形のてっぺんをちょん切って台形にして、足場を安定させてから上に乗る人間だ。本当にすごい奴は三角形のてっぺんに乗るんだよ」と言われたことがあります。一番すごいアイデアって尖ってるから不安定で、グラグラなんですよ。でも、思いっきり飛べる力がある人はグラグラした三角形のてっぺんに立つんです。突飛なアイデアでもちゃんと綺麗に魅せられる技量がある。

最初からてっぺんに行くのは難しい。まずは安定した場所（アイデア）を確認し、吸収しながら上を目指す。
イラスト／カズモトトモミ

僕はその不安定さを取り除いて、うまいことやるのは得意です。でも、師匠に「もっと高いところに乗らないと、世の中を変えられるアイデアなんて生まれない」とダメ出しされて、三角形のてっぺんに登る方法を模索したんですが、これがなかなか見つからない。てっぺんにポンと飛び乗れる人って、ぶっちゃけ天才が多いんですよ。だって、僕が１００文字使って表現することを3文字で言い切る奴もいますし、文字すら使わない奴だっていますからね。

だからまず自分で作った台形の上に立って「これくらいの景色が見えるんだな」と確認したら、思い切って最初のアイデアを捨てます。「もっと上が見えるはずだ」と思いながら新しいアイデアを模索するんです。自分と違う能力を持ったメンバーとの打ち合わせで「えー、そんなのアリ!?」とびっくりするくらいのぶっ飛んだアイデアを聞くと、うれしくてたまらなくなります。天才たちが僕に対して「これできない？」って無理難題をぶつけてくるんですけど、それを僕の持ち前の〝うまくやるスキル〟でなんとか形にする。そしてその天才ですら見たことがない世界へジャンプして引き上げる。「そんなの無茶苦茶だよ！」と言いながらアイデアを練り続けるのは、ものすごく楽しいです。

念押ししておくと、最初のアイデアを捨てるのは自分に自信がないからではありません。自分の得意なことだけを詰め込みがちな最初のアイデアでは、いつまでも成長できない。自分の得意な部分をもっと伸ばすために、それ以外のエッセンスを人から吸収するんです。そうすれば、最初のアイデア、最初に平坦な場所にあったアイデアがもっと高い三角形のてっぺんにまでジャンプできて、新しい景色が見える。僕は若手に対して「俺のアイデアはすごいよ」と吹聴して退路を断ち、自分を追い込むこともあります。そうやってアイデアを捨てたり磨いたりした先に、世の中を変えられるアイデアがある。探り続けていくと、ある瞬間にポンとてっぺんまでジャンプできたりするんですよね。

打ち合わせ前に自分の主張を固める

僕は打ち合わせが大好きです。それなりに経験を積んできたので、一人でも案件を担当できるとは思いますが、チームで動いた方がもっといい結果になる可能性が高い。そう思っているから会社を作って、チームで仕事をしています。周りのすごい人たちと一緒に仕事をして、トップクラスの仕事をしたいんですよね。

博報堂時代からスタープレイヤーとして活躍する優秀なアートディレクターとたくさん組んできました。ほとんどの有名アートディレクターと仕事をしたと思います。打ち合わせで、様々なアイデアを掛け合わせて、レンガをひとつずつ積み上げていくようにしてブラッシュアップする面白さも知りました。ただ、すごい人との打ち合わせであればあるほど気をつけたいことがあります。それは、打ち合わせの前に自分で1回アイデアを固めること。打ち合わせで他の人の意見を聞いていると、最初のピュアな感覚がなくなってしまうことがある。最初の感覚をベースにしつつ、その上に他の人の意見を取り込んでいかないと、自分が最初に感じた世の中の目線とずれてしまいます。それに、自分でアイデアを固めておけば、質問された時にも「こういう目的があってこういう意味があるんです」と明確に説明できる。この前提を明確に提示できないと、打ち合わせを重ねても方向性が定まらず、ただただ時間だけが過ぎていってしまいます。

実際、天才の前では、自分の考えをちゃんと持っていないとバクッと食べられちゃうんですよ。まあ凄腕の人たちに勝てないのは当たり前っちゃ当たり前なんですが、食われないように必死でアイデアをひねり出したり、自分の考えを固めてから参加する打ち合わせの方が抜群に楽しいですよね。若手だからって最初から受け身でボーッとしているだけの人や「俺は関係ない」って顔で参加している傍観者の人を見ると信じられないです。どんなに経験がなくても、どんな立場の人でも、自分の考えは必ず主張するべき。もし99%がつまらなくても残りの1%が面白かったりするんです。そしてその1%のアイデアが世の中を変えたりする。それってすごいことでしょ。だから僕は、打ち合わせ前には必ず何か考えて臨む。これが基本です。

あと、打ち合わせで自分にない優れたアイデアを聞いたら「すご!」と言って、すぐに取り込んじゃいます。すごい人たちの意見を集めると、びっくりするくらいアイデアの引き出しが増えるんですよ。その新しいアイデアを自分の中に取り込めばアイデアの幅がグッと広がりますから、おいしいです。

ストーリーを描く

僕はアイデアを練る時、徹底的にターゲットの状況を想像するようにしているんですね。その人と商品のリアルな関係をリアルに考え、行動へのリアルなきっかけを作る。いわゆるストーリーを描くわけです。その発想方法はCMなどにも効果的ですが、実は商業開発などに効果が抜群。今では会社の案件の三分の一が都市開発や商業開発のブランディング案件になっています。実は設計から携わることも多いんです。でも「それってコピーライターがやる仕事?」って思うじゃないですか。僕も「なんで俺が?」って思ったりもしましたが、その答えはストーリーにあったんです。

僕は、広告の核は「ストーリーライティング」にあると思っています。今はたくさんのモノ・コトがあふれている時代。単に価格や機能だけ言われてもさほど魅力的には見えません。そのサービスなり商品なりが自分にどう関係していて、どういうメリットがあるのかというストーリーがなければ、人は動かないんです。もはや、ストーリーは人の心を動かすためになくてはならない存在になっています。

そして、ストーリーを作る時に活躍するのがコピーライティング。それは、広告だけではなく、商業開発や様々な企業のブランディングにも効果があります。たとえばホテルを作るとしたら「どういうホテルだったら泊まりたくなるだろう?」と情景を想像するんです。そして小説やコンテのように、その世界や気持ちを書いてみる。

ある女性が鞄を持ってそのホテルの前に立っている。ホテルの入り口にはサービスマンがいて、黒い石畳に水をまいている。緑は豊かで、京都の老舗旅館みたいなもてなしを感じる。奥に入っていくと小さい庭が見える。そこを通り抜ける風を感じて心地いい。さらに細い石畳の通り庭を抜けるとそこに驚くほど広い空間と……。のようにして、想像した内容を書いていくんです。そこに何があったら驚くだろうか、趣あふれる階段があったら写真に撮るかな……と想像しながらストーリーを作る。ストーリーが完成したら、その情景を実現できる設計に着手します。ホテル内を光で照らすには吹き抜けがあった方が良いとか、庭が見えるようにするにはこう配置しなきゃダメだとか、趣ある階段にするには素材はこれがいいだろうとか、ストーリーを軸にして設計を進めていくんです。ストーリーがあれば、関係者も小説を読んでいる時のように情景をしっかりイメージできて、実際のターゲットの立場でホテルを想像するようになる。その想像こそが重要です。そしてそれを作れるのが実はコピーライターなんです。

商業開発や建築以外でも、日本中のあらゆる業界がお客様を呼び込むストーリーを求めていて、ストーリーライティングのニーズは高まっています。アイデアを考える時も「消費者はどんな風にこの商品を手に取るだろう」とイメージして、常にストーリーを考え続けて初めて人の心を動かす言葉が生まれてくる。ストーリーライティングの力がつけば、コピーライターとしてのみならず、ディレクターとしても活躍できる。ビジネスマンとして最強のスキルです。だから僕はよく自販機の前でボーッとしたり、コンビニの前でボーッとしたりして、ストーリーを想像しています。すぐに思いつくわけじゃないんですよね。一番思考に没頭できる時間を探すのは意外と大切です。そういう時に頭が活性化して、パッとひらめいたりしますから。

まとめ

99%のアイデアがつまらなくても、
残り1%で世の中を変えることができる

1. 得意なことだけを詰め込みがちな、
最初のアイデアは一度捨ててコピーを磨く

2. 打ち合わせは自分の主張を固めて臨み、
人の優れたエッセンスは、遠慮なく吸収

3. 人の心を動かすストーリーを想像して、
小説のように書いてみる

小西利行

［こにし・としゆき］ POOL inc. クリエイティブディレクター　コピーライター
CM 制作から商品開発、都市開発までを手がける。2017年「プレミアムフライデー」を発案、発表。日本最大のSC「イオンレイクタウン」、一風堂のブランディングをはじめ、ホテル開発も多数。主な仕事に、伊右衛門、ザ・プレミアム・モルツ、CROWN BEYOND、PlayStation4など。こくまろカレーや伊右衛門などの商品開発も担当。著書に『伝わっているか？』（宣伝会議）『すごいメモ。』（かんき出版）。

積み上げながら逸脱しながら

玉山貴康

はじめに

正直、受けるべきかどうか迷ったんです、執筆を。当たり前のことを当たり前にやっているだけですし、本当にお役に立てるのか不安でした。でもせっかくのお話。日々、繰り返し行っていることを客観的にひいて見て、自分の思考過程を整理してみるのも一興なのかも？少しでも参考になることがあればと思い、筆をとりました。

考えるということは、何を考えることなのか？

考えろ考えろとよく言われます。ですが、何を考えないといけないのでしょうか？僕はとてもシンプルな建付けにしています。それはＳＰ局時代。もう20年近く前になるのですが、マッキャンだったかオグルビーだったかちょっと忘れましたが、そういう外資系エージェンシーには基本のプランニングフォーマットみたいなものがあって、仕事がきたら社員全員それをもとにして企画していると聞きました。それはたしか７つのステップに分かれていたと思います。正確には思い出せないので

考えるということは、この３つに答えを出すこと

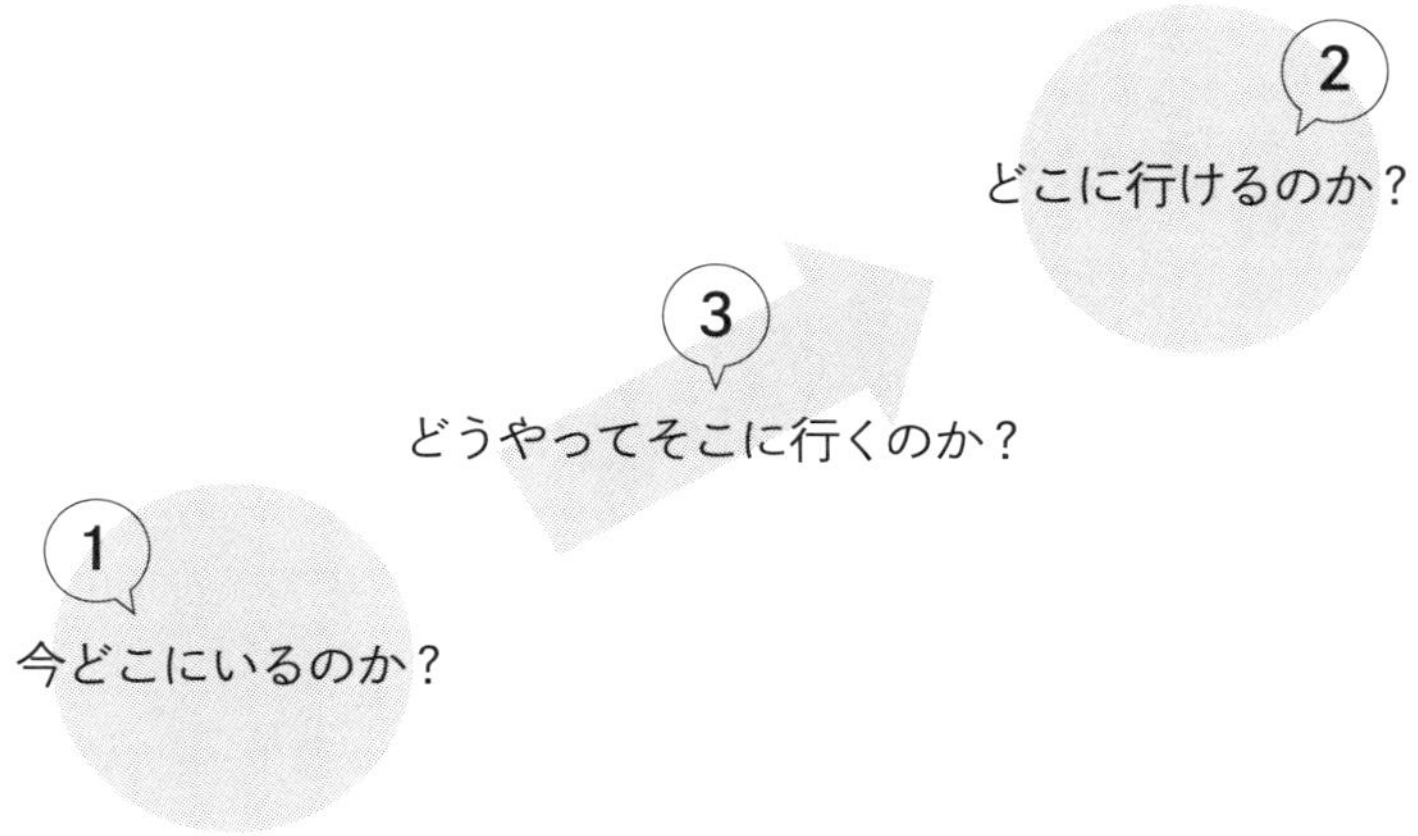
1
今どこにいるのか？
2
どこに行けるのか？
3
どうやってそこに行くのか？

すが、なるほど！とすごく腑に落ちたのだけは覚えています。その後ＣＲ局に転局し、仕事をしていくうちに、もっとシンプルなプランニングの方法論に行き着いていったのでした。それは広告に限らず、ある種すべてに通ずる普遍性を帯びているようにも思えて、今でも愛用しています。それは３つのステップをふんでいきます。考えるべき事柄は、要するにこういうことではないでしょうか。究極的には、この３つのことに答えを出すことだと感じています。

ところが、人間って不思議なもので、

なーんてカッコよく、いつでもしっかり手順をふんでといきたいところなんですが、人間って不思議なもので、縛られれば縛られるほど自由にデタラメに考えたがる生き物ですね。考えだしたら止まらなくなっちゃうこともありますし。逆になんにも思いつかないときもありますし。やぶから

ぼうにコピーを書き始めてはいけないと思いつつ、実際はなんでもいいから思いついたことをぜんぶノートに書き散らかしていっちゃいます。無駄撃ちや徒労に終わることも少なくないんですが、時間がない仕事が多かったり、いいのが出なかったらどうしようという焦りも手伝って、脳みそにブレーキをかけることはしないです。仕事が来る。そうしたら、とにかくなんでもいいから思いついた矢先から書いていく。そうやってランダムに言葉を探しつつ……。

今どこにいるのか?

一方で、考えるべきポイントをチェックしていきながら考えないと、効果的な言葉は生まれてこないのも事実です。なので、一つ一つ積み上げていく作業も同時並行的にやっていきます。コピーには役割があって、ある目的を果たさなければならないとするならば、その周辺情報をいかに正しく把握するかがカギです。コピーが自然と浮かび上がる、にじみ出てくるまで調べ尽くすのが理想です。まずは、その商品（もしくは企業や事業）が、今どういうところにいるのか?それをできるだけ正確に把握したいです。海辺にいるのか?山頂にいるのか?海外にいるのか?日本にいるのか?谷間にいるのか?崖っぷちにいるのか?都会にいるのか?田舎にいるのか?コピーライターだけではなく、チーム全員が明快にイメージできることがすべての出発点になります。さて、ではどうやってつかんでいくのか?3つの指標を把握することでつかんでいきます。まず1つめ、市場は今どのようになっているのか?成長しているのか?衰退しているのか?一部の、例えばシニア層だけアップトレンドなのかとか。2つめ、実際に商品を購入する消費者はどういう動向を示しているのか?何

商品は、この３つの要素に影響を受けていく

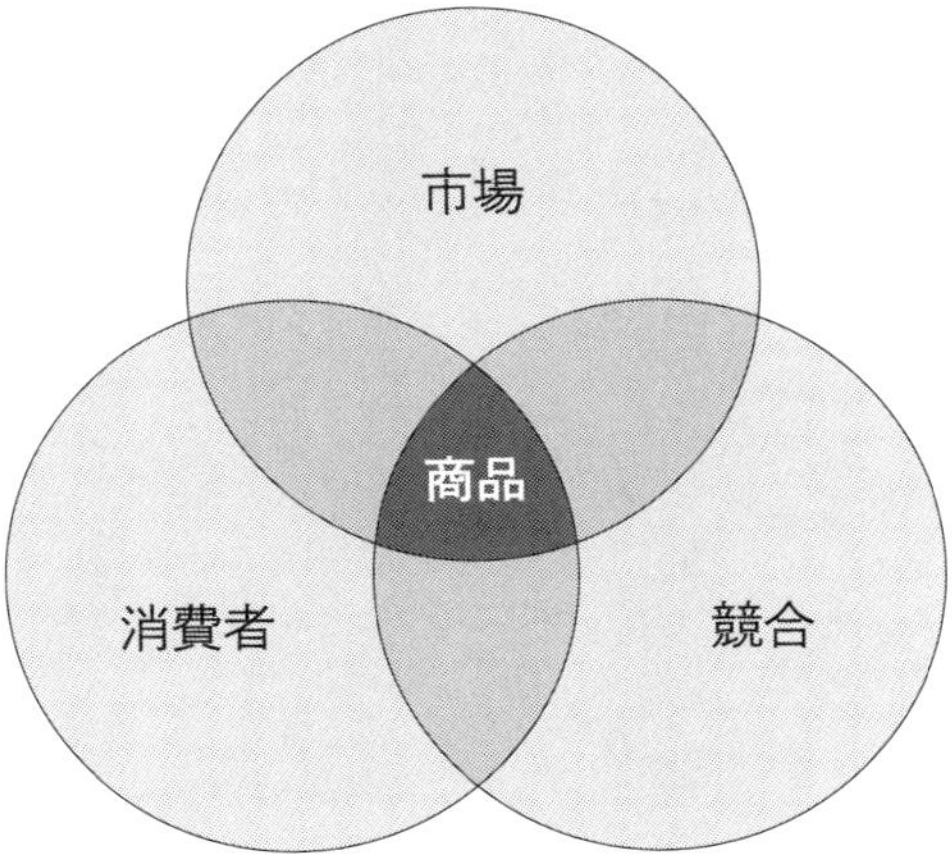

を重視して購入しているのか？　それが過去から現在まで時系列で変化していってないか？　逆に不満に思っている点はないか？　とか。３つめ、競合するサービスは何を提供してきているのか？　同じ業界の中だけではない競合の存在はないか？　自社の他製品とカニバリを起こしてないか？　競合の弱点や長所は？　とか。「市場」「消費者」「競合」これら３つの指標を総合的に分析しながら、その中で今回担当する商品は、仮に何もアクションを起こさないとするならば、どういう立ち位置で、どういうイメージで、認識されてしまうのか？　を設定します。今、自分がどこにいるのか？　それがわからなければ、これから行く先も間違えてしまいます。この初期設定から間違ってしまうと大変です。すべてが間違ってくると言っても過言ではありません。作業中、ループするように何度も何度もしつこく立ち戻って確認していきます。このあたりマーケティングマターになるかもしれませんが、仮説でいいからここから考え

始めないといけません。コピーライターは、ある意味、戦略家であり社会心理学者でなくてはいけないと思っています。

どこに行けるのか？

出発点はなんとなくアタリをつけられたとしましょう。次に、目的地を決めます。「どこに行くべき」なのかを考えます。方向性ですね。北に行くのか？南に行くのか？東に行くのか？西に行くのか？先ほどの「今どこにいるのか？」分析で出た場所から、今後どっちに向かえばいいのか？方角を見定めます。こっちに行くときっといいことが待っていそうだ、幸せになれるはずだ、そんな目標をイメージします。ただ、ここからが大事です。その方向性をゆく中で、「どこまでなら行けるのか？」を考えないといけません。つまり、「どこに行くべきか？」のままでプランニングしていかないこと。あまりに無謀な目的地の設定は単なる夢物語や精神論に陥りがちです。目標値の実現可能性をどこで測っていくかというと、商品の特徴、勝負できる強み、ポテンシャルを見極めながら決めていきます。この「どこに行けるのか？」の設定の際に、はじめてコピー開発に入っていきます。ここでのコピーは、中長期的なビジョン、インナーコミュニケーションの領域まで含んだブランドスローガンやブランドステートメントといったものになってきます。そういうインナーも含めた中長期的に使用されるコピーを考えるにあたっては、気をつけていることが3点ほどあります。1つは、耐久力があることです。長期間の使用に耐えられるかどうか？何度見ても腑に落ちる納得感が必要です。2つめ、求心力があるかどうかです。経営層と現場を一枚岩にさせる必要があります。芯をくってないといけません。口に出して読みたくなるかもひとつの指標になるでしょう。3つめは、牽引力です。その言葉を掲げ、同じひとつの方向にひっぱっていくイメージです。仕事に貴賤《きせん》はありません。どんな仕事にも矜持《きょうじ》があり、正義があります。その気持ちをもう一度定義づけしてゆく。昨日と同じ仕事をしていても今日はなんだか楽しく感じるくらいの志気向上が図れれば最高です。

どうやってそこに行くのか？

出発点と目的地が決まりました。次は、そのプロセス、工程ですね。「どうやってそこに行くのか？」ですね。これは細かく突き詰めていくと、コピーやCMなどキャンペーンを実際に企画していくことにほかなりません。まさにケースバイケースなのです。ですから今回、なんとなく普段、企画していく中で気をつけていることを書いてみたいと思います。まず、大事にしているのは、そのコピーを見た後にどういう気持ちになってもらうか？すごく気にします。コピーを書くということは、読後感を設計することではないかと。禅問答でこういうのがあります。「月をさす指これいかに？」と。答えは決まっていて、こういうふうに答えないといけないみたいです。「言葉なり」と。僕の解釈はこうです。目で見えている言葉は、「指」にすぎないんだよ。もっと大事なものは、指の先にあるものだよ。その指が何をさしているかをお前は見ていますか？という戒めなのではないかと思っています。書いてあるコピーは指にすぎない。その言葉を使って、最終的には何を相手に伝えようとしているのか、そこに意識的であることがとても大事だと思っています。言葉は「音」と「意味」でできています。しかし、それだけではありません。言葉の先には、人間の記憶にひもづいた様々な

「情報性」もあります。それらをできるだけたくさん探し出し、選び、組み合わせることで、商品や企業や社会のために言葉を役立たせるのがコピーライターの仕事ではないかと感じています。その上で、次の3つのチェックポイントを満たせていないといけません。（1）目立つのか（2）わかるのか（3）残るのか。そういうコピーを書くためには、担当している商品だけを見ていても埒があきません。その商品と人間、その商品と世の中の「関係性」をしっかりと見つめ直して、何かしらの「ギャップ」とか「違和感」といった驚きを意図的につくりだしていかないといけないと思っています。

おわりに

計画的に順序だてて考えていく部分と、その一方で無秩序に自由に思いついてしまう部分。その両方を行ったり来たりしながら、案をこしらえていきます。論理的に考えたら、ちょっとふざけてみる。ふざけたあとは、そもそも何が目的だっけ?と冷静になってみる。コロコロと目線や切り口を変化させながら、考えていきます。いろんなタイプのコピーを書かないといけないので、自分のスタイルはこうだと決め込まないで、いただいた仕事に対してベストな言葉のソリューションを、という姿勢でのぞんでいる気がします。

まとめ

コピーライターは戦略家であり、
社会心理学者でなくてはならない

1. 商品の状況を把握し、商品が「今どこにいるのか」を理解する
2. 目的地は商品が「行くべき」場所ではない、
「どこまでなら行けるか」を考える
3. コピーを書くとは、すなわち読後感を設計すること

玉山貴康

［たまやま・たかやす］　電通　第5CRP局　コピーライター　クリエーティブ・ディレクター
SP局配属後、32歳でCR局に転局。最近の主な仕事に、ホンダFIT「DON'T STAY.」、オリコカード「俺LOVEオリコカード」、三井住友銀行「ひとりひとりが日本代表。」、オートバックス「クルマを愛する人を、愛する仕事」、ハウスメイト「物件のこと何でも話せる友がいる。」、味の素アミノバイタル、ネオファースト生命、日本ハム、第一生命、そごう・西武、セコム、島根県自虐カレンダーなど。

絶望の淵に立つ

角田誠

言い換えると、「もうダメだ」が僕の発想のスタートです。今度ばかりはクライアントさんのご期待に応えられない。コピーなんてひと文字も書けない。そんな恐怖に苛まれるようにするのですね。なるべくならオリエンテーションの真っ最中に。もちろん、真っ青な顔色を悟られないように、ナルホドなどとうなずいたりしながら。その時、乾ききった僕の脳みそには、こんな声が響いているのです。

「世界には優れたアイデアやコピーがあふれかえっている。新しいものが生まれる余地など、もはやないのだ。お前ごときが少々汗をかいたところで、似かよったものを書くのがやっと。誰も驚かないし、ふりむきもしない。ヤメトケ、ヤメトケ」

その場に崩れ落ちそうになりながら、震える膝頭を押さえているわけです。これまた会議室テーブルの向こう側の皆さんに気づかれぬように（こうして文字にすると、まぁなんとも情けない）。この原稿だってそうでした。たくさんのコピーライターがそれぞれの発想法を披露するというではありませんか。目の前が真っ白になった。正確には、真っ白になるように自分を追い込みました。皆さん膝を打つような方法論を展開するに違いない。そこに入り込む隙などあるはずがない、ヤメトケ、ヤメトケと。でも、こうして書いている。いやはや、どうしてそんなややこしいことをするのでしょう。それは、駆け出しの頃から長く上司であり、クリエイティブディレクターだった三浦武彦さんのオリジナルメソッドだったから。僕はこのやり方で育ったからです。

ＪＲ東海のエクスプレスシリーズをはじめ多数の名作ＣＭを世に送り出し、初代クリエイター・オブ・ザ・イヤーに輝いた三浦さん。彼のチームの端っこに僕はいました。いざ企画スタート、と大勢が集まるキックオフミーティングで三浦さんは決まって低い声で不機嫌そうにこう言うのでした。

「俺たちは今度こそ、砂嵐のＣＭをオンエアするだろう。真っ白な新聞広告を掲載してしまうのだ」

想像してみてください。飛ぶ鳥落とす勢いのチームにようやく入り、気持ちの鉛筆をツンツン尖らせていた若いコピーライターにとって、リーダーのこのメッセージがどれほどショックだったかを。だって、まだ何も始まっていない。あらかじめの全面的ダメ出しじゃないですか。そしてもうおわかりですね。今もなおオリエンテーションのたびに、僕のミイラ脳に響く声の主が三浦さんだということが。

ほとばしる才能の持ち主が、試合開始と同時に「もうダメだ」と白旗を上げてみせる。それが何を意味するのか。自らのチームメンバーに何を伝えようとしていたのか。何度かの体験の後に、ようやく理解ができました。当時の三浦さんの元には多数のクライアントさんから「エクスプレスのようなＣＭを」という注文が殺到していました。これは三浦さんに限ったことではなく、いつの時代もヒットメーカーはみんなそうだろうと思います。クライアントの気持ちとしてはもっともですものね。であれば、ヒットした自作を分析、方程式化して、変数Xに次の商品を投げ込めば一丁あがり！といきそうなものです。しかし、三浦さんはこう言って、同じ方法論を繰り返さなかったのです。

「やり方含めて買ってもらったんだから」

だから、毎回、まっさらな頭と気持ちで向き合う。新たな方法論から生み出せなければ提案はできない。この清々しくも、恐ろしくしんどいスタート姿勢を僕は若い体にとことん叩き込まれたせいで、未だにそうしないと最初の一歩が出ない。まして走って行けないんですね。やれやれ。

ご教訓風にまとめてみましょう。

――経験則と決別しなければアイデアなんて生まれない――

何年やっても新人気分。ただ時間は無限ではありませんし、プロとアマの違いのひとつはどれだけ早くゴールにたどり着けるかだとも思うので、そうのんきにもしていられません。ではどうするか。すると絶望がこんなヒントをくれるのです。

「ずらせ」

僕の場合、一生懸命に考えた結果が、ひとめぐりしてオリエンテーションに真正面から応えたまっとうなアイデアだったりします。それはそれで仕方がないし、正しくはあるわけです。ただ、そこで立ち止まってはいけない。で、ずらす。はて、と首をかしげる様子が思い浮かぶので、では具体例を。

小学4年生の秋、鎌倉に遠足に行きました。翌々日の国語の時間に感想文を書くことになりました。経験、ありますよね。鎌倉に行きました。お天気がどうで、八幡さまに行って、お弁当を食べて云々。「鎌倉」を春に行った「城ケ島」に置き替えればそのままでき上がり。ほら、この手の感想文ってテンプレートの最たるものでしょう。これが嫌だった。もういいんじゃないかって思ったんですね。10歳の少年は。それで、こんなタイトルを書いたんです。——ようこそ鎌倉へ——内容はというと、鎌倉の駅前にそれは優しそうなガイドのお姉さんが僕ら一行を待っていて、一日案内をしてくれる。それをガイドさんの口調で書きました。これが楽しく、しかもあっという間に原稿用紙のマス目が埋まって。しかも先生がうんと褒めてくれて、文集にまで載せてくれたのです。先生もきっとうんざりしてたんでしょうね、山のような定型に。そこにちょっとだけ変わったものがあったから目に止まった。書いた方としては、毎度おなじみを書く苦痛から逃れられたし、大人の異性の口調で綴るのがことのほか面白いという経験もしたわけですが。図らずも読み手もハッピーという結果になった。真面目な女子が角田くんはウソを書いてますと指摘しましたが、わかってないなぁ、ガイドさんは僕の頭の中にいたんだよ。

「遠足感想文」を「旅行ガイド」にずらす。

いかがでしょう。ささやかですが、企画とはこんなことじゃないかと思うんです。あとは「ずらし方」の差であって。

では、もう一例。12年間、130本の新聞シリーズを書かせていただいた伊勢丹。メンズ館を中心に毎回1点の商品を紹介しました。じっくり読む広告にしたいというご意向でしたので、読み切りショートストーリースタイルで回数を重ねて。ある時、クライアントさんから、このシリーズは「ひと言でいうと何でしょうね」と尋ねられたのです。実はそれまで、それ、つまり企画のコンセプトをきちんと考えてはいなかった。僕はうーんと唸ってから、こう答えました。

「気分のトリセツ」

あらゆる商品には使い方を記した取扱説明書があるわけですが、このストーリーはその商品を使ったり、贈ったりする時の気分の添え書きかなと思ったので。クライアントさんはうなずいてくれました。世間でいうトリセツをちょっとずらしてみた。もちろん外に出るワードではありませんが、この7文字がその後のシリーズをぶれなく支えくれたことは間違いありません。

「ひと言でいうと」

クライアントさんが投げかけてくれたこの問いは、宝物です。

ずらしのテクニックには、こんなのもありますね。

対立する概念をぶつけてみる

めっぽう腕の立つ剣豪がいたとします。顔色ひとつ変えずにバッサバッサと斬りまくる。その刃に誰もが恐れをなしている。とある小雨降る夕暮れ時、剣豪が濡れて震える仔犬を拾い上げ、なんと懐で温めているではありませんか。偶然それを見かけた町娘、まさかと我が目を疑う……。団子屋の娘は恋に落ちるでしょうね。強いだけじゃない、むしろその対立要素と二本差しにしたことで、この浪人の人間性に奥行きが生まれるからです。シーズン3くらいまではいけそう。

これも長く担当したメルセデス・ベンツ。男性的イメージが強かったブランドのメッセージを、できるだけすぐ隣でつぶやくような口調にしたり、ひらがなを多用したり、母子や天使のような少女をモチーフに選んだりしたことがありますが、同じ「ずらし方」ですね。当時、僕らは

気持ちよく裏切る

そんな言い方で、予定調和にならないこと、「そうきたか」のひと言をターゲットから引き出すことに躍起になっていた。あの熱、幾つになっても忘れちゃいけませんね。

メルセデス・ベンツでは書いたコピーに「美しい国のメルセデス。」というフレーズがありました。Eクラスという車種がいかに日本の価値観にフィットするかを示すためのものだったのですが、日本の価値観を掘り下げていくうちに自動車の広告が「日本の広告」のようになっていきました。

とある大学教授から新聞広告を国文学の講義資料にしたいと連絡をいただいた時、いつの間にか「日本文化にやたらに詳しい輸入車」というスタンスになっていることに気づきました。自らの優位

絶望の淵から、試行錯誤を重ねて“商品とターゲットの間に新しい関係”を発見するのがコピーライティング。

性をことさら口にしない態度も、どことなくジャパニーズのようですね。販売台数も好調、ブランド好意度も上昇しましたから、「ずらす」「対立する概念をぶつける」の挙句に、気持ちのいい裏切りができたのでしょう。7年も続くロングランフレーズになりました。

　さて、絶望の淵からトボトボ歩いてきましたが、一向にコピーライティングにたどり着かないじゃないかと苛立っているでしょう。その通り。ここまではまぎれもなくコピーを書く前段階のステップ、よくいうところのＷＨＡＴ　ＴＯ　ＳＡＹ探しでした。でも、僕なりのやり方でいけば、まだまだこれを続けていくわけです。その昔、宣伝会議の佐藤・戸田教室で徹底的に仕込まれた、

「コピーとは発見である」

　それらしく、うまく書くことではない。商品とターゲットの間に新しい関係を見つけよ。この鉄則を思い出し、「発見」と呼べる何やらに出会うまで脳内放浪を続けるわけです。

ようやく見つかったら、やっと、ＨＯＷ　ＴＯ　ＳＡＹ！

「発見」をどんな言葉で送りだそう。めくるめく表現のラビリンスで、またも彷徨う楽しみを想いながら。

まとめ

「ずらし」テクで、世の中を気持ちよく裏切る

1. 今までの経験則を持ち込まないために、頭をまっさらにする
2. 表現の「ずらし」テクニックで、ターゲットの「そうきたか」を引き出す
3. 商品とターゲットの間に新しい関係性を見つける

角田 誠

［つのだ・まこと］ 角田誠事務所 コピーライター クリエーティブディレクター
電通で33年勤務の後、2016年、角田誠事務所設立。代表的なコピーに、メルセデス・ベンツ「人は誰でもミスをする。」、JR東海「距離にためされて、ふたりは強くなる。」、大塚製薬「私のいのちの水。ポカリスエット」、伊勢丹「なにか、どこか、たしかにちがう。」など。

アイデアの設計図はありますか？

眞鍋海里

アイデアは空から降ってこない

「アイデアよ、降ってこい……」

そう嘆く気持ち、めちゃくちゃわかります。

今まさに僕も、スタバで3杯目のコーヒーを啜りながら、同じようなことを考えています。ですが、残念ながら今まで、アイデアが突然空から降ってきたことはありません。いろいろなクリエイターの方と話をしても、みんな「あーでもない、こーでもない」と毎回頭を悩ませ考えて、ようやくアイデアにたどり着いている。そもそも、アイデアとは地道に思考を重ねていき、ようやくたどり着くもの。なぜ、思考の積み重ねが必要かと言うと、僕は「アイデアを生み出す作業には、２つの工程が存在する」と思っています。それは、

①アイデアの設計図をつくる
②アイデアを製造する

この2つ。おそらく、アイデアに行き詰まっている人は、いきなり②からやろうとしている人が多いんじゃないでしょうか？ ただそれは、設計図もなしにプラモデルを組み立てようとしているようなもの。もっと言うと、図面も無いのに、家を建てようとしているようなものです。いきなり②から手をつけても、正解がわからずに考え続けることになるので、大抵行き詰まってしまいます。

ですので、僕にとってアイデアの起点とは①の「アイデアの設計図をつくる」ことから始まります。「え？ 設計図？ めんどくさそう……」もしかすると、これを読んでいる方は考えなきゃいけないことが増えたように感じるかもしれません。しかし、これは結果的にきちんと広告効果を生むアイデアに出会う近道となるので、これからお教えする方法をぜひ試してみてください。

アイデア開発は、エンジン開発と同じ

では、アイデアの設計図をつくるためには、何から考えればいいのでしょうか？

その前に、まず「アイデアとは何なのか？」を理解した上で進めていった方がいいかもしれません。いろいろ例え方はあると思いますが、僕は、「アイデア＝エンジン」だと思っています。アイデアとは解決策のことですが、僕らにとってのアイデアづくりとは、「依頼のあったブランドを目的地（ゴール）までたどり着かせるためのエンジンを開発する作業」と同じです。ですから、アイデアの設計図は「そのエンジンに必要なスペック（性能）を知っておく」ために必要なものになります。もしあなたが車のエンジン開発を任されたら、いきなりやみくもにつくり出さないですよね？ おそらく、こんなことを考えると思います。

・まず目的地はどこなのか？
・そもそも現在地はどこなのか？
・積載量はどのくらいあるのか？
・燃料はどのくらいあるのか？
・誰と競争しているのか？
・どんなコースなのか？　障害物はあるか？
・車体はどうするか？
・そもそも車でいいのか？

などなど。これは広告に置き換えても一緒です。

・まず目的地（ゴール）はどこなのか？
・そもそも現在地（ブランドポジション）はどこなのか？
・積載量（伝えなきゃいけない情報量）はどのくらいあるのか？
・燃料（広告予算）はどのくらいあるのか？
・誰（競合）と競争しているのか？
・どんなコース（マーケット）なのか？　障害物（問題）はあるか？
・車体（表現）はどうするか？
・そもそも車（この手段）でいいのか？

こうすることで、漠然と追っていたアイデアの正体がはっきりし、どんなアイデアが必要なのかが炙り出されてきます。これがまさに、前述した「アイデアの設計図をつくる」作業なのです。

「アイデアの設計図」のつくり方

では、実際にアイデアの設計図をつくる行程を具体的に説明していきましょう。

僕の場合、設計図をつくる場所はだいたい決まっています。それは会社でなく、スタバ（理由は、BGMが好みだったり、騒がしい方が集中できたり、多種多様なお客さんがいて世の中が箱庭的に見えている気がするから。笑）。決まって大人数が囲むテーブルに座り、MacBookのメモ帳を立ち上げ、新しいシートの1行目に「○担当するブランド名」と書きます（このメモ帳はiPhoneとも同期されているので、TODOリスト代わりにもなり、日常的に「おい、お前この企画しろよ！」という強迫観念に自分を晒しておく効果もあります）。

そこから、このシートにアイデアの設計図を描いていくのですが、まずブランド名の下にGOALという項目を書いていきます。ここには「広告の目的」を書いておくのですが、数値的なKPIではなく、「ブランドが最終的にどういう状態になっていることが理想なのか？」ということを書くことにしています。ここからは、例があった方がわかりやすいと思うので、僕が過去に手がけた、割り勘アプリpaymoのWEB動画「paymo Table Trick」を考えていたときを例に、解説していきます。

そのとき書いたGOALは、こうでした。

〈GOAL〉
「この新しいITサービスのローンチを期待感と共に多くの人に知ってもらう」

新サービスということもあり、大きな目的は「サービス理解とブランド認知」でした。ただそれだけでなく、「モバイルを使ったキャッシュレス会計」という新しい概念を刷り込んでいくために、登場感と期待感も大事な要素となります。しかし、このGOALだけでは、どんなアイデアが必要かまだぼんやりしてますよね? そこでGOALの下に、もう少し具体的に達成すべきMISSIONを書き込んでいきます。MISSIONとは、「アイデアの中でやらなきゃいけないこと」、要するにアイデアに必要なスペックとなるところです。paymoの場合、こうなります。

〈MISSION〉
・様々な利用シーンで簡単に使えることを伝える
・割り勘をネガに見せない
・ニュースタンダード（若者やアーリーアダプターに受け入れられる）
・事業の本気度が伝わる（お金にまつわるサービスだし、スタートアップだから）
・ロゴ・サービス名も覚えてほしい
・欲を言うと、このコンテンツがひとり歩きしてほしいより「必要なアイデアのスペック」がわかりやすくなってきますよね？　このGOALとMISSIONを抽出していくことで、アイデアの設計図はつくられます。MISSIONは、最初からクライアントオーダーに入っていることもありますが、クリエイター自身が、思考の中で発見していくことが多い項目でもあります。ですので、次にそのMISSIONを発見するコツをお教えしましょう。

MISSIONを見つけるコツ

MISSIONを発見するために、まずブランドの「現在地」と「競争相手」を知ることが大事です。すでに市場調査やマーケティングデータがある場合はそれを参考にしつつ、僕がよくやる方法は、ツイッター検索に担当するブランドと競合のブランド名を入れ、ブラウザの拡張機能を使って常に定点観測するようにしています。そこでは常にユーザーのブランドに対する言及や競合との言及数の差をチェックし、担当するブランドが今マーケットのどの位置にいるのか？　そして、どこが強化すべき点なのか？　を把握するのです。それに加え、自分の中にたくさんのリファレンス（事例）をストックしていることが重要になってきます。「担当するブランドが過去、どんな施策をやってきたのか？」はもちろんのこと、「競合がどのようなキャンペーンを展開しているのか？」や「海外での事例はどうか？」など、今まで先人たちが行ってきた、より多くの広告キャンペーン事例を知っていると、MISSIONの抽出スピードが上がっていきます。それは、ただアイデアを真似るのではなく、アイデアを抽出し、どう結果に作用しているのかを分析する。要するに、アイデアの元となったGOALとMISSIONをストックしていくのです。これを僕は『アイデアの因数分解』と呼んでいます。それがたとえ他社事例であったり、業種が違ったとしても、広告コミュニケーションにおける課題というのは、ブランドがいるステージによって似てくるので、公式のように使って応用することができます。しかも、その事例は世界中のクリエイターたちが時間をかけてたどり着き、実際に結果を出した答えなのですから。これを先ほどの「アイデア＝エンジン論」に当てはめると、「歴代名車のエンジンを分解し、構造と仕組みを理解すること」に近いのかもしれません。要するに、構造を知らなければ、そのアイデアは再現できないということです。

いかがでしたか? GOALとMISSIONを設定できれば、アイデアの設計図はできたも同然。あとは、その設計図にピタッとはまるアイデアを製造していく（考えていく）だけです。これであなたも「何から考えればいいのかわからない」状態にはならないはず。

要は、アイデアにたどり着く近道とは、なんでもありの状態から、目的を達成するための条件をいろいろと見つけていき、正解であるアイデアの形をくっきりさせていく作業です。paymoの例を見てもらえればわかると思いますが、結果的に「このアイデアしか、無いだろ!」と思うぐらいのMISSIONが手前にはあるのです。僕は日頃から、アイデアをたくさん考えられる能力より、いい設計図を描ける能力の方が大事だと思っています。いい設計図が描けさえすれば、考えるのは時間をかければできますし、その考える作業をチームのみんなで分担することもできます。

『いいアイデアは、いい設計図から生み出される』

さて、僕もそろそろ、アイデアの設計図のために、4杯目のコーヒーを注文しに行きたいと思います。それでは!

まとめ

いいアイデアを生み出すためには、
精度の高い設計図が必要

1. ブランドの現在地や競争相手を把握する
2. 広告の目的（GOAL）と、
やるべきこと（MISSION）を抽出する
3. 過去の事例をストックし、アイデアの構造を知っておく

眞鍋海里

［まなべ・かいり］ BBDO J WEST コンテンツプランナー
宮崎県生まれ。鹿児島大学理学部卒。タワーレコード、WEBプロダクションを経て現職。ブランドと生活者をつなぎ、課題解決と話題化を両立させる「コンテンツ発想」で数々のブランドコミュニケーションを手がける。主な仕事として、AUTOWAY「雪道コワイ」、paymo「paymo Table Trick」、SUNTORY「集中リゲイン」、超特急 連結MV「gr8est journey」、ミュゼプラチナム「Always Fresh.」など。

先ず、ブイより始めよ

横澤宏一郎

アイデアを考え始めるためには、かならず何かのきっかけが必要となります。なんのきっかけもなしに考え始めるのは、あまりにも効率が悪すぎるし、それは無謀すぎます。言ってみれば、どこに落ちているかわからない宝を大海原で探そうとしていることに近い。なので、どこに宝（答え）があるのか？どこらへんに船を出せば良いのか、範囲を絞り込む過程を経る必要がでてくるのです。

まず、ブイを置くことから始めるのです。たとえば、商品名を残したい、という課題があったら、《連呼もの》というブイを海に置いてみる。そうすると、そのブイの周りで答えを探せる。正しいかどうかはその時点ではわからないですが、とにかく、深掘りすべき海域を絞り込むことはできるはずです。さらにその連呼もの海域に、たとえば《佐藤雅彦》というブイを置いてみる。佐藤雅彦さんの連呼CMを思い出して、あの感じを企画のきっかけにできないかと掘ってみる。そんな具合です。

次に《歌もの》というブイを置く。商品名を歌いこむと残るからです。そして、《歌もの》という親ブイの下に、《全編歌》《途中から歌》《サウンドロゴ》などの子ブイを置いて、都度狭

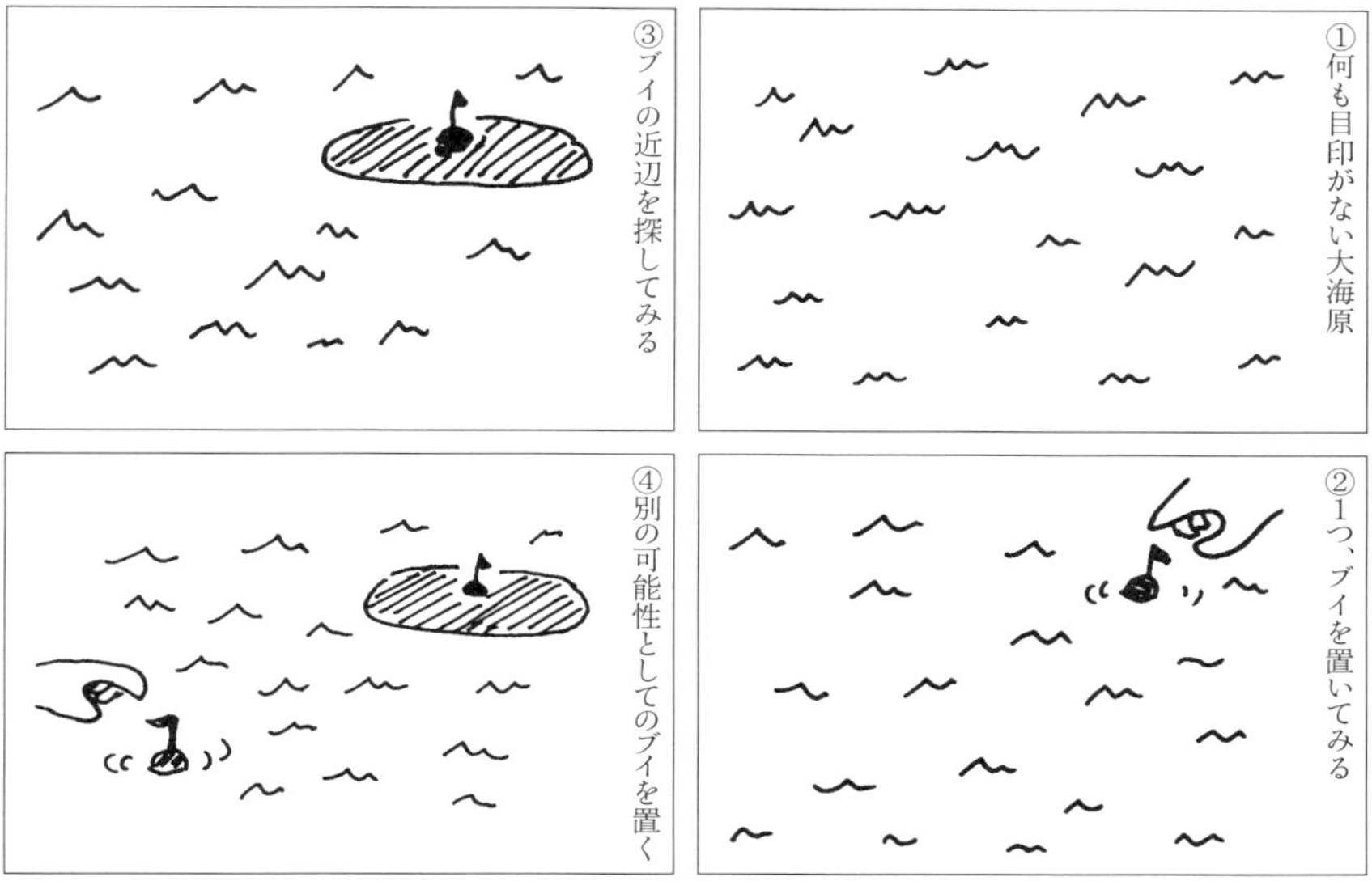
①何も目印がない大海原
②1つ、ブイを置いてみる
③ブイの近辺を探してみる
④別の可能性としてのブイを置く

い海域の中で正解を探していくのです。

探すべき場所を限定する＝ブイを置くには何が必要か、というと、どんなブイを置けば正解に近づくかという経験です。課題に対してトンチンカンなブイを置いても、答えに近づくことはできません。こういう課題だと、こんなブイを置いていけば形になる企画への道筋が見えてくるぞ、というある種の方法論を持っておかないといけません。でも最初はそんなことできませんから、たとえば、過去の名作ＣＭなどをみながら、この広告はこんなブイを置いたんだろうなと逆算で推測する訓練をしてみる。それもある意味の経験になっていきますから。また、別の仕事でうまくいったブイを持ってくるのもいい。成功パターンをつかむことができるかもしれません。広告に限らず、テレビやネットを見ていて気になったテーマや言葉を置いてみる、なんてやり方もあると思います。一見、課題に遠いと思われるような事柄が案外正解への近道だったりすることもあります。自分が想像すらしていなかった中継点から、飛距離のある企画が生まれたりすることもあります。いずれにせよ、失敗体験と成功体験どちらも経験を繰り返すことでブイの置き方は上達していくと思います。

置き方のコツをつかんだとして、ブイを置いて探って、別のブイを置いて探って…。その繰り返しで絞っていくわけですが、ブイも無数に置くことが可能なわけで、やはりどこかで自分でブイを置く海域を絞り込むことができないといけません。なにせ大海原ですので。それは課題に応じて「ああ今回はここらへんの海を探るべきだな」という課題発想の考え方もありますし、逆に自分の得意な海域で探すという自分発想の考え方もあります。どちらも正解だと思いますが、自分の可能性をまだ探っている段階の場合には、前者の課題発想のやり方でアイデアの出し方の幅を拡げていったほうがいいと思います。ある程度の型ができてきた人や嗜好するものがハッキリしている人は後者のやり方で答えを探していくのがいいと思います。あの人はああいう感じの企画をする（とかコピーを書く人）だなという個性が明確になっていきますから。

ブイを置いた後の、海域を定める

私の仕事の例でいうと日野自動車の「ヒノノニトン」が挙げられます。市場環境としては、トラックには大型・中型・小型の3つのカテゴリーがあり、日野自動車は小型だけ競合に少し負けていた。日野というと「少し大きめなトラックのメーカー」というイメージがあったのです。だから、「小型トラックも日野」ということをアピールしたい、というのが課題でした。その時点で、今回の答えの

1つは《刷り込み海域》にあるな、と気づくわけです。「小型も日野」の刷り込みです。小型というと2トン車が多いので、営業の人からオリエンを聞いているときに「日野の2トン車がね～」「日野の2トン車がさ～」と耳に入ってくるわけです。文字面だとわからないかもしれませんが、「日野の2トン車」って実はすごく言いづらい。音読すると詰まってしまうような感じになるんです。もう半分営業の人の話も聞いてられずに、この響きに惹きつけられていたんです。「ヒノノニトンシャ」って面白いなと。でもちょっと長いし、蛇足な感じがあったので、「ヒノノニトン」にしてしまった。ここで「シャ（車）」は無くても成立しますからね。あくまでも残したいのは「日野の2トン」だったので。その場で「ヒノノニトンって言葉で1案つくります」と宣言しました。まだ♪トントントントンのフレーズや企画の中身はまったくなかったですが。この言葉はいけるぞという確信のような自信がありました。車名訴求はあるけど、カテゴリー訴求って珍しいよね？と言われることもあるのですが、普通車と違って、日野の2トン車って1車種しかないんです。だからカテゴリー訴求＝車種訴求になるんですね。ちなみに、車種名は『日野デュトロ』と言います。でも、もはや車種名が「ヒノノニトン」って思っている人も多いみたいです。

刷り込み海域の《ネーミング訴求》から入っていったこの仕事でしたが、「ヒノノニトン」という言葉を強く残していくために、次の2つのブイを置きました。一つが《連呼もの》ブイ。もう一つが《聞き間違い》というブイ。前者は『トントントントン、ヒノノニトン』というリズムで生理的に訴えていく。後者は「ヒノノニトン」という聞き慣れない言葉を残すために、別の言葉と勘違いしてしまうというフレームに仕立てました。このキャンペーンの初年度は、トントントントン、ヒノノニトンと言いながら肩を叩くマッサージ篇と、ヒノノニトンを三元豚などのブランド豚の名前と間違えてしまうとんかつ篇の2本をつくりました。その後は、トントンしながら耳に入った水を抜くプール篇、工事現場でトンカチでトントンする大工篇、ケンケンパをトントン言いながらするけんけんぱ篇、と連呼もので集中してつくっています。うまくハマると、やはり連呼ものは強いと感じますね。当初からの狙いではあったんですけど、子どもが口ずさんでくれると早い。大人に確実に波及しますからね。でも、連呼ものは本当に難しいとも思います。

2つのオリエンで海域を狭める

このように課題がハッキリしていると、ブイを置く前にある程度海域は想像できるものです。そうすると、最初からブイを置く範囲を狭めることができるのでかなり効率的になります。ですので、課題を明確にすることも、アイデアの起点探しにはとても重要です。そのきっかけは2つのオリエンだと思っています。

1つは企業からのオリエン。いわゆるオリエンシートに書かれている事柄になります。しかしながらこのオリエンシートには、その性質上、広告を考える上ではさほど重要でないことも全方位で網羅されていることが多い。広告企画を考えるときには市場分析の詳細は必要なく、そこから導き出された課題を知っておけばいいのです。ですので、余分な贅肉を落とした〝筋肉質なオリエンシート〟を自分でつくる必要があります。具体的に言うと、パワポで何十枚というオリエンシートを、A4縦のWord1枚に級数大きめにまとめるのです。その凝縮した1枚のマイ・オリエンシートをもとにブイを置き、考え出す。そして迷ったらその1枚に立ち戻る。そんな繰り返しです。

日野自動車『日野デュトロ』「トントントントントン ヒノノニトン」

もう1つは世の中からのオリエンです。これはオリエンシートに書いてはいない、広告全般に普遍的に求められていること。一言で言うと、「広告なんだから面白いものを見せてくれよ」ということ。CMを見るためにテレビを見ている人はいないわけで、番組の合間に遭遇するものだから、やっぱり面白みをともなって広告してほしい、という世間一般の人の気持ちです。実はこちらのオリエンに沿ってブイを置くことも私はよくやります。おもしろ表現の方法論を分析してノートにまとめてあって、そのノートを見ながら、ブイを1つずつ置いていく。そうするとブイの数だけ企画ができてしまったりする。もちろんプレゼンに足るものじゃないものも含まれてしまいますが、とにかく企画の幅は出せるのです。そうすると、これは無いなということがわかります。そして一度でも「無い」海域も探ったことで、もしプレゼンの場で「こういう方向は無いですかね?」なんていう質問がきたときも、こうこうこういう理由で無いと思います、と自信を持って返答することができるのです。

ちなみにプレゼンは、自分が考えたことをクライアントと共有する場でもあるので、2つのオリエンに対して、無いとわかった海域のことも話ができる人はとても信用されます。ああウチの商品や世の中（ターゲット）のことをこの人は理解してちゃんと考えてくれたんだなと。よく言われることですが、プレゼンの理想は説得することではない。納得なんです。説得というのはどこかで妥協をともないます。本当は良いと思えないんだけど、そこまで言うなら良いか…みたいなことです。結果さえ出ればこのプロセスは大抵忘れられオールハッピーで終わるのですが、うまくいかなかったときに、説得した仕事はオールアンハッピーに終わってしまうことが多いので注意が必要です。

最後に。企画のきっかけのつくり方というフォーマットとしては「ブイを置く」というやり方がありますが、コピーを先に決めることも効率的にブイを置く大きな方法です。「ヒノノニトン」もそうですが、強い言葉はそのもので企画をつくります。海域を指し示してくれます。すなわちブイも置きやすい、考えやすい。しかしもちろん、そのコピーを定めるために、〃コピー大海原〃にブイを置いて答えを探していかないといけないのですけれど。

まとめ

アイデアの宝を見つけるために、考える範囲を絞り込む

1. 名作CMを見て、どうやってたどり着いたのか推測してみる
2. 余分な情報をそぎ落とした〝筋肉質オリエンシート〟を自分でつくり、課題をはっきりさせる
3. 「無い」方向性も探ることが大事。なぜ「無い」のか自信を持って返答できる

横澤宏一郎

［よこざわ・こういちろう］ BORDER inc. クリエイティブディレクター CMプランナー
早稲田大学政治経済学部卒業後、博報堂入社。４年間のプロモーション局ののちクリエイティブ局へ異動。2009年タンバリン参加。2016年博報堂を退社し、BORDER inc.設立。主な仕事に、日野自動車「ヒノノニトン」、リクルートSUUMO、PlayStation4、ダイハツなど。

発想のカギは

書くこと

とりあえず書いてみる

岩田純平

僕はコピーライターです。なので基本的にコピーを考えます。まずすることはオリエンシートをよく読むことです。そこに答えが書いてあります。そう信じてよく読みます。本当に書きたかったのはどこか。消費者にも受け入れてもらえるところはどこか。商品の本質は何か。競合との差別化ポイントはどこか。ターゲットは誰か。求めているアウトプットはどんなものか。

で、読みながら思いついたことを書いていきます。書くのはオリエンシートの余白が多いです。筆記用具はボールペンです。ゼブラのSARASAクリップ0・7㎜ブルーブラックを愛用しています。知り合いに貸すと「おそろしく書きやすいですね」と驚かれます。0・7㎜なのがポイントなのではないかと思います。インクは赤のときも多いです。赤の方が書いたものを見落とさず良いかもしれません。昔はノートに書いていましたが、最近はノートを開くと構えてしまって、何も思い浮かばなくなるので使わないことが増えました。ノートはずっと無印良品のダブルリングノート・無地・B5を使っています。紙がわら半紙みたいな色をしたやつです。それを見開き単位で課題ごとに左上に見出しをつけて使っていました。

オリエンシートの余白に思いついたことをどんどん書いて

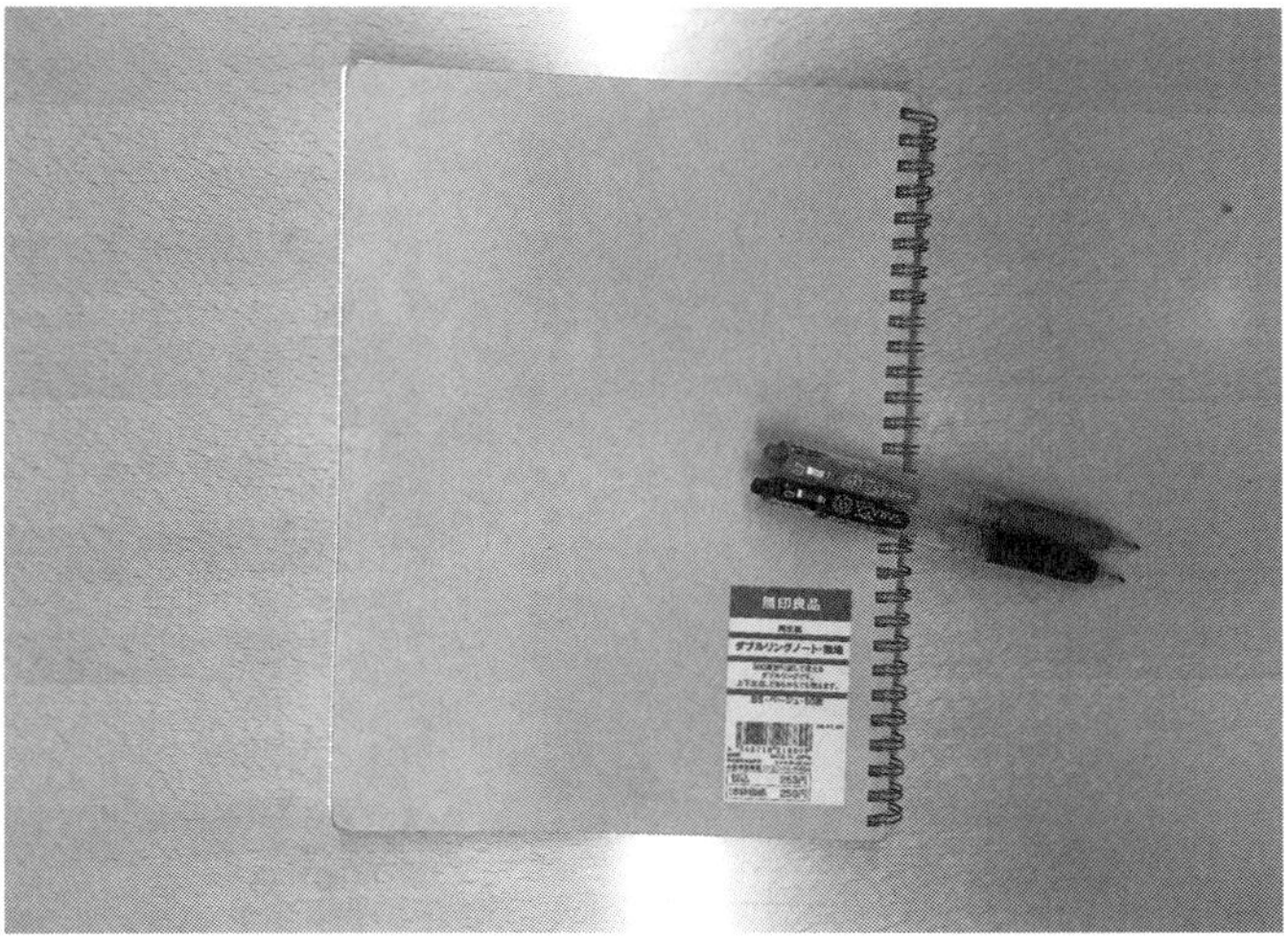

オリエンシートを読みながら、気づいたことを書いてくときの愛用品。
昔はこのノートに書いていたが、最近はオリエンシートの余白に書くことが多い。

いって、余白が足りなくなったら適当な白い紙に、要するにただのコピー用紙ですが（ダジャレみたいですね）、書いていきます。何かの裏紙を使うと、デスクを片付けるときに終わった仕事だと思って捨ててしまうことがあるので、白い紙を使うようにしています。エコじゃなくてすみません。

書くのは基本的に会社のデスクです。僕は片付けるのが下手、というか片付いていなくても比較的平気なので、デスクは割と雑然としています。そのほうが落ち着くということはないのですが、片付ける手間に比べれば狭い隙間で仕事したほうがいいか、と思ってしまうのです。そんなこんなで現在、デスクの作業スペースはA４くらいしかありません。

書き続けて、考え続けて、見えてくる

とりあえず書いてみると、わからないところがわかってきます。考えるポイントが見えてきます。

使えそうなキーワードが出てきます。理屈で考えれば最短距離でゴールにたどり着きそうなものですが、あえて勘で書く時間が僕は大切だと思っています。思いつきでバーッと無責任に広げていくことで、理屈の積み重ねではたどり着けない新しいアイデアや切り口が見つかるからです。もちろん、最終的には理屈で判断することになるわけですが、優れたアイデアというものは、しっかりと理屈でも説明できるものです。

なんとなく書いていって、「あ、こういうことかも」というのが一つできたらこの作業は終わりです。…ということはなく、時間の許す限り永遠に続きます。打ち合わせで「こういうことですよね」と言いながら出せるものが一つ書けると、心に余裕ができて、発想が自由になります。こういう脳みそが油断してくれているときがコピーライターとしてはチャンスなので畳みかけるようにたくさん書いていきます。「バカだなー」と思われるものでもいいのです。打ち合わせのときは、いくつか出す中に「バカだなー」があることでみんなのガードを下げ、選ばれやすくなるのです。打ち合わせにおけるコピーの披露は総力戦です。まじめコピー、おもしろコピー、二枚目コピー、バカコピー、勝負コピーなどをうまく散らしながら打順を組むように一つのチームにし、選ぶ人の頭を誘導していくのです。

とはいえ、コピーだけを考えるというのもなかなか難しいもので、そういうときは何かしらのアウトプットをイメージして書きます。誰が言うか。どこで言うか。いつ言うか。カッコよくするか。すっとぼけるか。おりこうにするか。やさしくするか。どのようなトーンだとしっくりくるか。しっくりくるより、びっくりする方がいいのか。書きながら可能性を探ります。数で深さを掘る。数で幅を掘る。コピーは書くというより、探すというニュアンスの方が近いのかもしれません。だから「掘る」という表現を使うことが多いのでしょう。

行き詰まったらオリエンをもう一度読みます。広げたことをオリエン内に収めるためにできることを考えてみます。提案の筋道を考えてみるということかもしれません。あらためて大切なことがどこなのかを見極めます。それでまた書きはじめて……みたいなことを何周かして、これくらい考えたら怒られることはないだろう、という感じになったら一旦おしまい。書いたものをちょっと寝かせます。

寝かせている間に整理されたり、足りないところが見えてきたりします。考えるのをやめたとき、ふと思いつくこともよくある話で、思いついたことは忘れないようメモします。歳をとるとメモする前に忘れることも多いです。メモを開いた瞬間に忘れることもあります。風呂で思いついたことは出る頃には9割がた忘れ、寝る前に思いついたことは9割がた翌朝何が面白いのかわかりません。

とにかく大切なのは頭の中に課題を置いておくことで、課題があることで、普通に暮らしながらも常にその課題に役に立ちそうなことを無意識のうちに探しているわけです。課題を整理しておくかどうかで仕事の効率や言葉の密度がだいぶ違ってきます。

言葉は磨き続けることでコピーになる

さて、いままでは紙に手で書いていたわけですが、それらを一度活字にしてみます。パワポで打ってみます。紙は横使いで、左揃えの54ポイント、書体はＭＳ Ｐ明朝で書いています。文字はなるべく大きいほうがいいです。小さくすると1行にたくさん書けてしまうのでコピーが長くなりがちです。長いコピーは自分に甘いコピーです。書体も重要で、変なゴシックで打つと、それだけで印象が下がります。太めの明朝も、肩に妙な力が入っているようで見る方はちょっと構えてしまいます。コピーライターのセンスって言葉のチョイス以上に文字のレイアウトに出てしまうので、ちょっと気にした方がいいと思います。

打ちながら言い回しやレトリックを整えます。いわゆる「てにをは」はちょっと変えると伝わるニュアンスが変わっておもしろいので、いろいろ試してみます。書いては直し、直してはまた直し、どれがいいのかわからなくなるのですが、そんなときは大体最初に書いたものがいいことが多いです。過去形にするとエモーショナルな感じになります。コピー年鑑を見ると過去形が多いことにお気づきになられることでしょう。しかしながらクライアント様は過去形がお好きでない、というか、過去形を使うことをご心配なされることも多いので注意が必要です。語尾も大事で「ですます」にするか「だである」にするかでも、商品や企業の見え方が違ってきます。

必要のない言葉を削ることも大切です。たとえば「〜だと思う」「きっと」「たいてい」など言い切らないことで受けを広くするタイプの言葉をコピーライターは多用しがちですが、効果的でないこのような言葉はコピーが凡庸に見えるので避けた方がいいです。また似たような修飾語をいくつか入れてるコピーなんかもよく見ますが、一つでいい。あるいは一つもいらない。あってもなくてもいい修飾語はない方がいいです。その分短い方が届きます。レイアウト上も大きくなります。この辺りは書きながら検証します。どこまで削っていいのか、外してみるとその言葉が効いていたことがわかってきたり。あと、語尾に無駄な言葉をぶら下げるのも、基本やめた方がいいと思います。コピーの書き方の本をよく読む勤勉な人は仲畑（貴志）さんの『エビフライのしっぽ理論』に感化されて、最後に無駄な言葉を入れてしまうことがありますが、本当に無駄なのでやめた方がいいです。あの有名な

「困ったね」くらい有効なしっぽなら別ですが、素人が下手にマネをすると大けがをします。

同じ内容でも一人称にするか三人称にするか、あるいはユーザーの親の言葉にするとか恋人の言葉にするとか、誰に言わすかで届き方はだいぶ変わります。この辺りは企画との兼ね合いなので難しいところではありますが、ちょっと意識して書いてみるとコピーがまたちょっと楽しくなります。

書いたものが活字になることでコピーは客観性を持ちます。あらためて打ってみて、さらにそれを出力して見てみると、コピーの良し悪しはわかりやすく見えてきます。ダメなコピーは本当にダメに見えます。ですが、ここでひと粘りするのも一つのやり方で、ダメなコピーを再生する策を考えていると、新しい突破口が見えてきたりします。いくつかのアイデアをくっつけることで化学変化が起きたり、そのコピーを否定するところから新しい価値観が生まれたり。ただ、特に何の鉱脈もなく、時間だけを浪費してしまうことも多いので、引き際は大切です。

ある程度打ったものがまとまったら、出力して並べてみます。数がたくさんあると、それだけで仕事した気になり気分がいいものです。ただ、多すぎても見る方は飽きてしまうので、良さそうなものをピックアップしてしぼります。それでまた言葉周りを微修正して、出力して、修正して……。と、僕の仕事の仕方は大体こんな感じです。

いいコピーを書くのに近道はない。遠回りもない

多くの場合、使われるコピーは一つだけです。一つのコピーのために何百も書いて効率悪いんじゃないか、バカなんじゃないか、マゾなんじゃないか、童貞なんじゃないか、と思う方もいると思いま

すが、考えた量は嘘をつきません。そのバックボーンは一つのコピーにしっかりと見えてきます。また、コピーライターはよく「ステートメント」というものを書かされますが、この手の文章を書くときにも無数のキャッチコピーは役に立ちます。使わなかったキャッチコピーを順序良くつなぎ合わせれば、かんたんにステートメントは書けるのです。この手の文章、世の中的にはホームページの片隅に仕方なく置いてあるくらいの、あってもなくてもいいような文章なのですが、プレゼン上は意外とこのステートメントがクライアント様の心に深く響いて採用されることもあるので、熱量の高いステートメントが書けることは大きな武器だと思います。

いろいろ書いてきましたが、大切なのは自分の中での「書けそう」という気分をつかむことです。脳が「書けるよ」という状態になれば、いいコピーは書けます。そうなるまでの道筋は人それぞれ、方法も数多あると思うのですが、自分なりの必勝法を見つけてもらえればと思います。スポーツ選手のルーティンみたいなものです。僕の場合、それは「とりあえず書いてみる」ということだった、というだけです。参考にしてもしなくても大丈夫です。

まとめ

考えた量はウソをつかない

1. 思いついたことを、無責任にひたすら考え書きだす
2. コピーを活字にして印刷し、客観的に見てみる
3. 打ち合わせは、まじめコピー、おもしろコピー、二枚目コピー、バカコピー、勝負コピーの総力戦で挑む

岩田純平

［いわた・じゅんぺい］ 電通 コピーライター
1974年生まれ。養命酒製造を経て2006年電通入社。サントリー『角ハイボール』『トリスハイボール』、JT Roots「ルーツ飲んでゴー！」「それでも、前を向く。」、JT企業「想うた」「ひといきつきながら」、公文「くもん、いくもん！」、フォルクスワーゲン「ゴキゲン♪ワーゲン」、東芝「10年カレンダー」など。著書『それでも、前を向く。』（晋遊舎）、作詞『ひといきつきながら』（山本彩）。TCC賞、カンヌゴールドなど受賞。

からだを動かすと頭も動きだす

こやま淳子

失恋して落ち込んでいるとき、仕事のストレスで悩んでいるとき、旅に出るとふっと気持ちが軽くなったりしませんか。電車に揺られ、動く景色を眺めながら、「何をあんなに悩んでいたのかなあ」と思ったりして。私にもそんなときがありました。そして知りました。からだを動かすと、心も動くということを。

それはもしかして、企画を出すという局面でも同じかもしれません。悶々と机に座っていたときは何も浮かばなかったのに、電車やバスに乗っていると、思わぬアイデアがひらめいたりする。シャワーを浴びたり、コンビニに買い出しに行ったりするとき、本屋でふらふらしているときも、それは突然やってきます。故・土屋耕一さんは、「アイデアがでないときは石鹸で手を洗う」とおっしゃっていたそうです。そう、からだを動かすと、頭も動くのです。

脳にディレクションする

ただし、やみくもにからだを動かしても、脳だって何を考えていいのかわかりません。そしてこの場合の「動かす」というのは、激しい運動のことでは決してなくて、「ペンを持つ」とか「キーボードをたたく」とか「検索する」とか「店頭に行く」とか、非常に軽い動作のことです。つまり「考えるフリをする」ということなんです。考えるんじゃない、考える「フリ」と考えると、なんだか気が楽になりませんか？ 私はこれを「脳にディレクションをする」と呼んでいます。よくクリエイティブディレクターが適当なことを言いまくり「じゃ、あとはよろしく！」っていう、あれです。自分の脳にざっくりとしたヒントを与え「あとはよろしく！」と預けるのです。

電車の中でアイデアがひらめいたりするのは、もともと「脳にディレクション」をしていたからではないでしょうか。シャワーを浴びているときにポロっとコピーが浮かぶのは、脳にディレクションしていたからではないでしょうか。なんの脈絡もなく、一度も考えたこともない分野の企画が浮かぶことなどあるわけはなく、すべては自分がどこかで脳にディレクションしていたから。

脳というのは、指示を出さないと何も考えてくれません。が、1日にたとえ5分でも10分でもいい。何かしらその対象と向き合い、考える（フリをする）だけで、「あ、次の仕事はこれですね」と忖度し、考えてくれるものなのです。

イメージする

この段階で、「この仕事をどんな風にしたいか」というイメージも脳に伝えておくといい。「この商品の価値がこう変わるコピーを考えたい」とか、「このブランドがオシャレに見えてくる表現ないかなあ」とか。もしくはもっと原始的に「ドキッとさせたい」とか「じわっと感動させる」とか「世の中を沸かせちゃおう」とか「地味でも機能がしっかり伝わること」とか、それくらいでもいいかもしれない。コピー年鑑やカンヌのビデオを見て「こういう読後感の表現になるといいなあ」とかでもいい。これは高い目標を持てという話ではなく、「どっち方向にがんばればいいのか」という脳へのディレクションです。もちろん後から軌道修正してもいいんです。でもなんのしがらみもない最初の段階に描くイメージは、強くて純粋なんですね。ここできちんとイメージしておくと、後々迷ったとき、行き詰まったとき、いろんな人の意見で頭がごちゃごちゃになったとき、指標にすることができる、地図のような役割を果たしたりするのです。

オリエンにちゃんと行く

この「脳にディレクションする」段階で一番大切なのは、「オリエンにちゃんと行くこと」ではないでしょうか。たまに「お忙しいでしょうから」と、広告会社の方などがオリエンに行ってきてくださり、後から内容を伝えてくださることがあるのですが、これは実は非常にもったいない「機会の損失」なんですね。広告は人間がつくり、人間が判断し、人間が見るものなので、機械的にできるものではありません。オリエンシートがペロっとメールで送られて「これで考えられますか?」と言われることも時々あって、それはきっとこちらの忙しさへの気づかいもあると思うのですが、「いや、コピーライターは自動販売機じゃないですから」とそのたびに言いたくなってしまいます。

商品を作った人や売りたい人と対話し、その熱量を受け取ること。オリエンシートの行と行の間に揺らいでいる「気持ち」を感じ取っていくこと。それがあるとないとでは、コピーの考えやすさも、モチベーションも変わってくる。なにより「わざわざ足を運んでその場所に行く」ことで、脳はなにごとかを感じ取り、その仕事の優先順位を勝手に上げてくれるのです。

もちろん、なんらかの事情でそれができないこともあります。その場合も、そのオリエンに行った人の話や、もしくはクリエイティブディレクターなど指揮を執る人の話を、なるべく直に聞いた方がいい。とにかくなんらかの形で、商品を売りたい人、その仕事を成功させたいと強く思っている人の熱量を受け取って、コピーの熱量に変えていく。残念ながらその熱量は、メールでは伝わらないのです。

自分自身に取材する

ある程度、情報が頭に入ったら、今度は「自分自身の内なる声を聞いてみる」ことも大切なステップです。たとえばその商品を好きになれない場合だってある。「なんだかよくわからないな」というモヤモヤした思いも、きちんと向き合えばヒントになります。なぜなら、自分だってその広告を見るひとりの消費者（ターゲット）だからです。

たとえば、オリエンで「この商品は白いところが訴求ポイントです」と言われたりする。でも自分はいまいちその白さが好きになれない。そのとき、その自身の内なる声を殺してコピーを書くと、それは単にオリエンをなぞっただけの「死んだコピー」になってしまうんですね。「白がいい」「白いってサイコー」「I LOVE SHIRO」なんて表現を変えて書いていっても、どうもなんだかしっくりこない。そんなコピーはオリエンには応えているかもしれないけれど、消費者の心をつかむことはできないかもしれません。自分というフィルターを通さないと、コピーは命を持たないんですね。

では、どうすればいいか。その白さを好きではない自分を好きにさせるような価値観を見つけるのです。そうすると、たとえば「白は好感度をあげる色」とか、「何色にも染められるから白がいい」とか、一歩考えを深めることもできる。もちろん「深い」ことがいつも正しいとは限らないのですが、一度自分が納得するまで考えてみると、発想が広がり、アイデアは呼吸をし始めるのです。

毎日少しずつ書いて、熟成させる

ちなみにこんな作業の合間も、コピーらしきものが浮かんだらどんどん書いていきます。頭の中にあるものを書き出すとわかることもあるからです。これもひとつの「からだを動かす作業」と言えなくもありません。

頭の中だけで「いいかも」と思っていたフレーズが、書き出してみると意外と平凡なこともあります。逆にいまいち整理はつかないけれど、書いてみたらすごくいいコピーに見えてくることもあります。

ここで大切なのは、少しずつでも毎日書くこと。例えば提出まで5日間ある場合、締切の2日前から5時間ずつ考えるより、毎日2時間ずつ考えた方が効率がいい。なぜなら、1時間でも考えておけば、そのあと脳は勝手にそのアイデアを熟成させてくれるからです。その日、ろくなアイデアが浮かばなかったとしても、なぜか次の日にファイルを開くと、そのろくでもないと思えたアイデアが輝いて見えることがある。ちょっと単語を入れ替えたり、他の案と組み合わせてアレンジすることで、すごくいい表現になったりする。前日は浮かばなかったのに、新案もするする出てきたりする。それは、たまたまその日調子が良いわけではなく、前の日に考えた「アイデアの種」が、熟成したのではないかと思うのです。これこそが「脳にディレクションをする」最も大きな効果です。

自分を感動させる

「他人を感動させるなら、まず自分が感動せねばならない」と、ジャン＝フランソワ・ミレーという画家は言ったそうです。私は10代の頃にこの名言を知り、電撃を受けたような気持ちになりました。そしていまだに仕事をしながら、この言葉を思い出すのです。

「自分自身に取材する」という話でも書きましたが、やっぱり自分というフィルターを通さないと、生きたコピーにならないんですね。こんなもんかなあ、これが求められてるんだろうなあ、なんて思いながら出したコピーは、イマイチ打ち合わせでも盛り上がらない。「うん、こういうことだね」と言われたとしても、相手の期待を超えていないから、感動させることもできないんですね。

もちろん、自分がイマイチだと思っている表現をいいと言われたり、すごく気に入っているコピーがまったく刺さらない場合もあります。特に若い頃は、表現力もないのにこだわりが強いものだから、上滑りしてしまうことも多いかもしれません。でもそれでも、自分を感動させることを諦めてしまうと、その仕事は「そこそこ」のものにしかなりません。

感動、という言葉が重すぎるとすれば「ハッとする」くらいでもいい。私はできれば、ひとつの打ち合わせにひとつ以上は、自分自身がハッとできるコピーを持っていきたい。そうできないこともあるけれど、いつもそれを目標にしています。この仕事は、慣れれば慣れるほどサクサク書けるようになるし、打ち合わせでもダメだと言われなくなってくる。でも「自分を感動させる」という基準にだけは、ウソをつくことができないのです。

タイムリミットの直前に、もう一度考えてみる

さて、それなりに考えたし、出力もした。あとは1時間後の打ち合わせにコピーを持っていくだけ。そんなとき、もしまだ遅刻しない時間だったら、もう少しだけ考えてみましょう。もう出ないだろうと思っても、とりあえずファイルを開き、書いたものを見返してみる。すると不思議。もう考え尽くしたはずなのに、すらすらと新案が流れ出す。

この「打ち合わせの直前」は、いいコピーの浮かぶ確率が非常に高く、私の経験でいうと「オリエンの直後」と並ぶマジックタイムです。脳が追い詰められてフル稼動してくれるときなのでしょう。私という人間はなまけものだけど、私の脳は働き者だった。そんな風に自分の脳に感謝したことがどれだけ多いか。提出の直前、そのギリギリの瞬間まで、自分の中からなにが出てくるかわからない。だからアイデアを考える仕事は、やめられないのです。

まとめ

日々、脳に指示を出しておけば「アイデアの種」は熟成する

1. 1日5分〜10分でもOK。商品について考える「フリ」をする
2. メールではなく直接対話することで、発注者の熱量を体に入れていく
3. 「自分を感動させる」ことを諦めない

こやま淳子

［こやま・じゅんこ］ こやま淳子事務所 コピーライター クリエイティブディレクター
博報堂を経て、2010年こやま淳子事務所を設立。主な仕事に、ザ・タンサン「強TANSANで、爽KAIKAN。」、EDOSEN「福祉のプロになる。」、プラン・インターナショナル・ジャパン「13歳で結婚。14歳で出産。恋は、まだ知らない。」、ロッテ、NHKスペシャル、星野リゾート、今治タオルなど。著書に『ヘンタイ美術館』（ダイヤモンド社）他。

白紙のWordファイルがアイデアの起点

藤本宗将

普段からアイデアを考えてストックしたりはしないタイプです。自分で「こういう表現をつくりたい」という意思もあまりありません。クライアントの課題を聞いて、それを解決するためにどういう戦略や表現が最適なんだろう、と考えていくことが多いですね。その中で必要とされるコピーを書くというだけ。表現のアイデアもコピーを書く過程で生まれてきます。

だから「アイデアの起点」がどこかといえば、仕事を依頼された瞬間ということになりますね。僕の場合はだいたいクリエイティブディレクターから頼まれて仕事が始まります。こういう仕事があるからコピーを担当してくれないか、と電話やメールをもらって、引き受けた瞬間が「起点」になります。

そのとき必ず最初に行っているのは、そのプロジェクト用のＷｏｒｄのドキュメントファイルをひとつつくること。必要な情報を書き込んでいくための白紙を1枚用意する、というような感覚です。本当の紙でもいいんですけど、データならなくすこともないしその後の加工・編集も容易なので。

ひとつのプロジェクトに対して、必要な情報をひとつのWordファイルに統合。それさえ開けばすぐに仕事ができる。

ひとつのファイル、というのが第1のポイントです。自分が書いたメモやコピーや企画書はもちろんですが、打ち合わせでもらった資料も、ネットで調べたことも、会議で誰かが言ったことも、これは大事だな、と思った情報はぜんぶ統合してしまって、ひとつのファイルに含まれているようにします。そうすると必要なときに情報がどこにあるか探す必要がない。ファイルはクラウドに置いてあるので、どこにいてもそのファイルさえ開けば仕事ができるわけです。

もうひとつのポイントは、テキストであるということ。人間というものは言葉で考えるものだと思うし、自分はコピーライターという職業柄アウトプットも言葉なので、思考過程もシンプルに言葉だけのほうがやりやすいのです。ビジュアルとか見た目でごまかすことができないぶん、考えたことの中身そのものが問われるような感じがします。社内打ち合わせ用の資料だったら、あとで画像を1枚貼っておくくらいで企画も十分伝わります。プレゼンテーションに臨むときも、言葉で骨子がしっかりできてさえいれば、体裁を整えてKeynoteなどにするのもすぐにできます。まずは考えをなるべくシンプルに言語化していくことが最優先だと思っています。

はじめはオリエン前の「ド素人モード」でどんどん書き込んでいく

仕事を引き受けたときはだいたいクライアント名とか商品名くらいしか情報をもらっていないのですが、そのあと正式なオリエンを聞くまでのわずかな時間をけっこう大切にしている気がします。このときって、とにかく無責任にいろいろ考えられる貴重なタイミングなんですよね。いったん正式にオリエンを聞いてしまうと、当然ながらクライアントの「事情」も共有することになるわけです。資料を読み込んだり調べたりしているうちに、その企業や商品について詳しくなってしまう。予算のこととか実現性なんかも考えてしまう。立場としては、もはや立派な「関係者」です。

でもターゲットである世の中の人たちにとっては、そんな事情なんて一切関係ありません。つまり、世の中の人たちと同じ「普通の感覚」で思考できるのがオリエン前の時間なんです。そんな「ド素人モード」である貴重な時間を使って、思ったことを例のファイルに書き込んでいきます。コピーにもなっていない言葉の切れっぱしでも、直感的にひらめいたアイデアの断片でも、「なんでこうなってるんだろう?」という素朴な疑問でも、「もっとこうすればいいのに」と商品について不満に思うことでも。とにかく思ったことをなんでも書き込んでいく。何しろ、「ド素人モード」でいられる時間はとても短いのです。そして何より、まだ疲弊していないので一番やる気があるのもこの時期なんです。

もちろん何が課題なのかも把握してない状態ですから、結果的には的外れだったり役に立たないこともあるのですが、あとで見直すと「一般生活者の自分」が感じていた感覚に戻れるのはなかなか便利です。コピーライターという仕事は、クライアント側とユーザー側の両方の視点を持たなければいけないので、こうやって2つの視点を行ったり来たりしながらアイデアを考えていきます。

情報をいちど咀嚼して、「自分なりにちゃんと理解する」ということ

正式にオリエンを受けたあとは、「ド素人モード」を脱して、情報をどんどん取り込んでいくという段階を踏みます。担当する企業や商品に詳しくなったらアイデアが出るというわけでもないですが、まずは知らなければ考えようもないですから。必要な情報を取り入れて、いったん自分の中で「この商品の価値ってこういうことだよね」「今のマーケットってこういう状況だよね」「直面している課題ってこういうことだよね」というように噛みくだいて理解しないと、戦略や表現のアイデアを考えにくい。自分がちゃんとわかっていないことを、人にわかりやすく伝えることはできないはずですから。

アイデアを考える手がかりやヒントを見つけるための材料なので、情報はなるべくいろんな視点の

ものがあるほうがいいですね。オリエン資料に書かれていることがすべてではないですし、売場だったり、ときには製造・開発の現場に行って話を聞いてみないとわからないこともある。時間が許せば取材をさせてもらったり、関連書籍をAmazonで大量発注して読んだりします。もちろん自分で商品を買って使ってみたりもします。たまたま自分の得意分野だったならともかく、自分の頭の中にある材料だけでコピーが書けることは少ないように思います。わかった気にならないで、「自分は無知である」ということをちゃんと自覚し、いろんな人の話に耳を傾けるようにしています。

最近はゆっくり取材できるような時間的余裕のない仕事も多いので、ネットで調べものをすることが圧倒的に多くなりました。ニュース記事であったり、生活者のツイートだったり、ユーザーのレビューだったり。検索していて気になったものは、どんどんファイルにコピペしていきます（自分で書いた言葉はスミ文字、それ以外のコピペは色つきにしています。自分が書いたものと区別できるように）。

社内で打ち合わせしている最中でも、誰かがいいことを言ったりすればそれをファイルにメモします。ただし会議の内容を記録しておこうという意識はまったくなくて、書き込むのは自分が気になった言葉だけ。あとは、人の発言を聞いて自分がその場で思いついたコピーやアイデアも一緒にファイルへ書き込んでいる感じです。アイデアの切り口ってぼんやり考えていてなんとなくひらめくものではないので、外から刺激をもらいながらのほうが言葉も出てきやすい気がします。

「引き算」をして、ほんとうに大切なことを浮き彫りにする

こうやって書きためていったファイルも、そのままでは提案できるコピーになっていません。かなり無秩序に並んだ言葉のかたまりです。そこから無駄なものを削ぎ落として、文脈をつくって、大切なことを浮き彫りにしていかないといけません。そこで「もう不要だな」と思うものはファイルから削除していきます。情報量が増えればそれだけ重要なことが埋もれてしまうので、徹底的に削っていく作業をするのです。削りながら、考えたコピーを直したり、新しく思いついたことを足していく。整理・分類したりしながらだんだん表現として肉づけをして、ちゃんと読めるひとつの文章にしていく感じです。

「コピーを書くことは選ぶこと」とよく言われますが、選ぶというのは捨てるということでもあります。大事な部分以外は、勇気を持ってバッサリ削除することが重要です。いちどは膨れ上がったファイルも、この作業を繰り返すうちに分量が減っていきます。ファイルを開くたびに文章が整理されていくのは、けっこう気持ちがいいものです。(もし思考の過程を残しておきたい場合は、ファイル名に日付をつけて古いものも保存しておきます)。もともと自分で書いたものはスミ文字、それ以外のコピペなどは色つきにしていましたが、この過程でコピペされた部分は自分の言葉に置き換わっていくので、最終的には色つきの箇所はなくなっていきます。文章も数え切れないくらい推敲を繰り返すので、だんだんクオリティも上がっていきます。重要さによって文字のサイズを変えたり、伝えたい気分によってフォントを変えたりもします。

そうやってファイルを編集していって最後に残るのはシンプルな戦略のロジックと、コピーと、ステートメントであったりします。たくさんの情報から引き算して厳選していくからこそ、残ったものは鍛えられた強い言葉になるような気がします。

いろいろな情報を取り込んで、たくさんアイデアの切り口を出してから、取捨選択して絞り込む。やっていることは特別なことは何もない、いたって普通のやり方です。要は自分の脳の中でやっていることを、Ｗｏｒｄファイルの上で可視化しているだけなんですよね。Evernoteが「記憶の外部化」だとすると、自分のやり方は「思考の一部を外部化している」とも言えるでしょうか。はじめは雑多な情報でごちゃごちゃしていた１枚のファイルをわかりやすく整理できた頃には、自分の頭の中もすっきり整理されているのです。

まとめ

書きためて膨れ上がった言葉を
取捨選択することで、頭も整理される

1. オリエン前は商品に対して「ド素人モード」の貴重な時間
2. 1プロジェクトにつきひとつのファイルをつくり、
アイデアや情報はすべて集約する
3. 書きためた言葉の断片を、
ちゃんと読めるひとつの文章にしていく

藤本宗将

［ふじもと・むねゆき］ 電通 コピーライター
1997年電通入社。TCC最高新人賞、TCC賞、ACCグランプリ、ADCグランプリ、グッドデザイン・ベスト100などを受賞。主なコピーに、ベルリッツ・ジャパン「ちゃんとした英語を。仕事ですから。」、本田技研工業「負けるもんか。」、日本コカ・コーラ からだすこやか茶W「おいしいものは、脂肪と糖でできている。」など。

方法論は、
“やみくも”に考える

三井明子

今回、この書籍にお声がけいただき、心から光栄に思っております。そんななかでとても恐縮なのですが、今回テーマをいただいて改めて思い返してみたのですが……、わたし自身に考えはじめる時の法則や方法論と言えるものが、どうやらないようなのです。申し訳ありません……。ただ、もしかしたら、それをポジティブにとらえると、起点が決まっていないことこそが、わたしなりの起点なのかもしれない。そう考えてみることにしました。

起点が決まっていないことが、起点

ふだんの仕事のはじまりを思い返すと、いただいたオリエンをもとに、じぶんが考えたい方向から、とりあえず〃やみくも〃に考えています。ほんとうです（笑）。ですので、オリエンシートのポイントのなかでも優先順位が低いところから考えはじめてしまうことも少なくありません。とくに、はじめて担当する商品（やサービス）では、抱えている課題や、商品情報、市場や背景などを理解できていないことがほとんどですので、「じぶんはこの部分が気になるな」「ここを言ってくれるとうれしいな」と思える、考えたい・考えやすい方向から考えはじめます。好き勝手ですね（笑）。
好き勝手な（考えたい）方向からはじめることには、意外と利点があります。まず、それによって、じぶん自身の気持ちが乗ってきます。気持ちよく前向きにコピーや企画を考えていると、たとえ偏った方向でも、だんだん、その商品やテーマのことが見えてきます。そして、ひと通り考えた！と思えたところで、オリエンシートに戻ります。戻ってみると、「じぶんの探っていた切り口はニッチすぎたなあ」「こちらの方向が必要だったのか……」というふうに客観性をもつことができます。その頃には、課題やテーマについて理解が深まっているためかもしれません。そこから軌道修正をしていきます。

一消費者として考えはじめ、途中でオリエンに立ち戻ることで、見えてくることもあるような気がします。この素材は煮物が合うよ、と言われても揚げ物が合うような気がして、一度揚げてみる。それが適していないことに気づいて、納得をしたうえで煮物に落ち着く、という感じでしょうか。しかも、揚げ物も意外とイケるじゃないか、ということに気づいて、それがオリジナルレシピになることも時にはある、というような……。あまりいいたとえではないような気もしますが……、そのような感じです。

遠回りなのだとは思いますが、だいたいこのような感じで進めています。お題のストライクゾーンが、じぶん自身でしっくりこない時に、そこにうまく当てられないことで思考が止まってしまうということが過去に多々ありまして……。考えやすい方向から攻めていって、最終的にお題の真ん中に寄せていく。そのほうが、じぶんも納得したうえで、いい意味での広がりやアイディアが生まれやすく、結果的に良いかたちに落ち着くことが多いように感じています。ただ、時間がかかるのが難点です。

近道をもとめていないのですから、当然ではありますが……。

じぶん自身が面白いと思えるために、あえて効率は無視方向性も狭めません

味の素のジーノ フォレスティーノという育毛剤のラジオCMでは、まさに、やみくもに考えながら、企画ができていきました。最初は、とても素直に「育毛剤の効能」から考えはじめました。明快な効能・効果を大胆にデフォルメしていけばユニークな表現ができる！と考えて、どんどん企画を考案していきました。たとえば、髪が生え過ぎて別人と間違えられるとか、毛が増えるから「ケ」という音が増えていって別の文章になる、といった企画です。とにかくじぶん自身が面白く感じる切り口で次々考えていきました。効能・効果を伝えるのは広告として真っ当でしたし、ラジオCMとしては面白くなりそうな企画もたくさんあったと思います。ただ、企画している途中で、薬事法の規制で「髪が生える」「毛髪が増える」とは言えない（表現できない）ことを知るのです。それまで考えていた企画はすべてNG……。とても残念でした。でも、その頃になると、抜け毛や薄毛に悩むターゲットのかたがたのインサイトも蓄積されているので、別の方向にシフトすることもそんなにたいへんではありません。提案さえできず、日の目を見ない自作の企画たちはとても不憫ですが、気をとりなおして考えていきました。

薬事法のことくらい先に調べれば効率がいいのに、と思われるかもしれませんが（もちろん、それが自然ですが）、〝まずは好き勝手に考える〟ということで、とてもポジティブに課題に取り組めてい

味の素　『ジーノ フォレスティーノ』
「湯上り」篇 ラジオCM20秒 シリーズ①

SE　：ポチャン（お風呂）
SE　：ガラッ（ドアを開ける音）

男性：おい、ドライヤーどこやった?!

男性：ママー、ドライヤーどこやった？

男性：なあ、ドライヤー…

男性：あぁ、乾いちゃった…

NA　：抜け毛・薄毛が、気になりはじめたら。
ジーノ薬用アミノ育毛ローション
SL　：AJINOMOTO

味の素　『ジーノ フォレスティーノ』
「ドライヤー」篇 ラジオCM20秒 シリーズ②

SE　：（ドライヤーの音）ガーーーーーーーーーーーーーーーーーーーーーーーーー

父親：サヤカぁ、ドライヤー、まだか？

SE　：（ドライヤーの音）ガーーーーーーーーーーーーーーーーーーーーーーーーー

父親：パパ急いでるんだ、たのむ先に使わせてくれ。

SE　：（ドライヤーの音）ガーーーーーーーーーーーーーーーーーーーーーーー（とまる）

娘　：しょうがないわね。

父親：わるいな。

SE　：ガッ　　（ドライヤーの音、一瞬で終わる）

父親：ありがと。

NA　：抜け毛・薄毛が気になりはじめたら。
ジーノ薬用アミノ育毛ローション
SL　：AJINOMOTO

たのだと思います。先にさまざまな規制を気にして発想の幅を狭めないことも、意外と大切な気がしています。「これは言えない」「この表現はNG」ということばかり気にしていると、なんだか前向きに考えられませんし……。最終的には、〝薄毛だと、こんなことが起きるかも？〟という、いくつかのネタが採用に。完成したラジオCMは、幸運なことにいくつもの広告賞をいただくことができました。最初から薬事法に抵触しない狭い範囲で考えていたら、たどり着けなかったかもしれません。

そして、とにかく大量に考える、ということも、わたしの考える起点となっているような気がします。１つのラジオCMを制作するために50案くらいは考えていると思います。打率はきわめて低いですが、「もっと広く考えていたら、もっと面白い企画にたどり着いたかも……」と後悔してしまう（であろう）じぶん自身の呪縛があり、いつも、たくさんの企画を検討しないといられません……。

この育毛剤のラジオＣＭを制作させていただいた４年間は、いつもいつも〝抜け毛・薄毛〟のことばかり考えていました。抜け毛関連で思いついたこと、ネタになりそうなことはぜんぶ書きためていました。抜け毛のことを考えすぎて、髪が抜けてしまうのでは……と思ったほどです。

じぶんが〝考えたいこと〟を考える それが、どこかで、役に立つのでは……

２０１６年９月に出稿された宝島社の新聞広告は、〝ファッション〟がテーマでした。女性ファッション誌を数多く出版し、売上は業界で断トツ１位の宝島社。ファッション誌のリーディングカンパニーとして、ファッションの秋に、ファッション業界を盛り上げる広告を！　というお話からはじまりました。そして、この仕事についてお話しするうえで、まず触れなくてはならないポイントは、宝島社の蓮見社長が事実上のクリエイティブディレクターであること。歴代の宝島社の素晴らしい広告は、すべて、蓮見社長の視点や感性から生まれてきたのです。

オリエンは、人間はなぜ服を着るのか？　といった、「衣服」の根源的な意味を考えるきっかけにしたい、というものでした。しかも、「人間は服で生きる」という、蓮見社長が考案された仮のコピーまで、オリエン時にあったのです。その骨太なコピーは、「仮」とはいえ、企画を考えるうえでのベンチマーク的な意味を持っていました。仮のコピーがすでに大きな存在感を放っているという、コピーライターとして非常にプレッシャーのある状況……。そこでわたしは、まっすぐに衣服を着ることに迫ったコピーはすでにあるのですから、その言い換えではなく、じぶんにとって、また世の人々

広告「あたらしい服を、さがそう。」（宝島社）

にとって、「衣服」にはどういう意味があるのかをコピーにしていくことにしました。手がかりを探して、衣服の歴史、ファッション誌の歴史なども研究。そのうち、「衣服を着ることは、人間の性《さが》」「着飾ることは、女性の性《さが》」という方向が面白くなるような手応えを感じていきました。そこで、人間や女性の性《さが》についてのコピーをどんどん考えていくことにしました。なかには、ここぞとばかりにエッジを立てたコピーや、ちょっと毒を入れて世の中をハッとさせることを狙ったコピーもあったと思います。

コピーは、蓮見社長からも面白い！というお言葉をいただけたものも多数あったのですが、新聞広告を支える太いワードに至らず……、結局いつも、「人間は服で生きる」というコピーに戻りました。コピーが決まらず、焦りが募りました。そして、ベッキーさんの出演が決まり、撮影も終え、もうコピーを決めなくては、というギリギリのタイミングに……。ちょうど世の中では、小池百合子氏が初の女性都知事に就任し、女性を応援する流れが起きていました。決定した写真を見ながら、時流にフィットするように、またベッキーさんというキャスティングにも合うように、前向きな視点でつくったもので、やっと蓮見社長にOKをいただくことができました。それが「あたらしい服を、さがそう。」というコピーです。

このようにご説明すると、次々テーマや視点が変わり、結果的に最終キャッチコピーにたどり着いたようですが、実は、もととなっているのは、半年くらい前に考えた1本のコピー。「女は、いつも、新しい服を探している」。女性の性《さが》を探っていた時に考えたものです。〝やみくも〟に考えていた途中段階のコピーは無駄ではなかったのです。これは、かなり〝たまたま〟のケースかもしれませんが、じぶんの思うままに、〝やみくも〟に書き進めた蓄積が、少なからず、いつもどこかで役に立っている気がします。

ここまで読んでいただいて、どう考えても効率も良くないですし、やっぱり、あまり参考にしたいと思えないかたが多いとは思います。でも、これがわたしのアイディアの起点です。やみくもに大量に考える。テクニックはいらないので、どなたでも取り入れられそうなところが良い点かもしれません。もしもよろしければ、一度お試しください。

まとめ

方法論は、〝やみくも〟に考える

1. じぶんが考えたい方向から、好き勝手に〝やみくも〟に考えることで、その商品（テーマ）への愛が生まれ、しぜんと商品理解につながる
2. まずは、じぶん自身が面白いと思えるために、方向性は狭めないで考えはじめる。あえて効率は無視（笑）
3. 最終的なコピーや企画にはならなくても、〝やみくも〟に大量に考えたことは、結果に生きている（と思いたい！）

三井明子

［みつい・あきこ］ ADKクリエイティブ・ワン　コピーライター　クリエイティブディレクター
中学校教員、化粧品メーカー宣伝部、マッキャンエリクソンなどを経て現職。おもな仕事に、味の素、カルピス、東芝などのラジオCM、宝島社、ブックオフ、オンワードなど。クリエイター・オブ・ザ・イヤーメダリスト（2008、2016）、TCC賞、TCC新人賞、アド・フェストグランプリなど受賞。著書に『マイペースのススメエー』（パイ インターナショナル）。東北芸術工科大学非常勤講師。

発想のカギは

最後まで検証

まだコピーじゃ
ないんだけどね大作戦

赤城廣治

僕らはコピーライターなので、ペンを持つと、ついコピーを書こうとしてしまいます。クライアントからオリエンを聞いてはコピーを書こうとし、営業から商品情報を得てはコピーを書こうとし、「オレがキメてやる」とゴールをあせるストライカーのように、コピーにしようコピーにしようと急いてしまう。仕事が始まった序盤に、ひとつでもコピーが書けると安心してしまう。なんかオレ冴えてる？と思いこみ、「ひらめき」と称して、そのコピーに酔ってしまうこともある。けど、コピーを書いてしまうたびに、アイデアの思考は一度そこで止まってしまう。その言葉がコピーっぽい佇まいをしていればしているほど、そこから先に視点が広がってゆかない。思考より量が問われる駆け出しの頃ならそれでもいい。事実、僕もそうでした。上司の示した方向に沿って、とにかくたくさん書いて。書いても書いてもボツになり、これ以上ナニも出ません…と突っ伏していると「おい赤城、最初のほうに書いてたこれ、なかなかいいよ」なんて言われ、ジブンでも書いたことすら忘れていたようなコピーに◎がつき…そのコピーがデザインされ、プレゼンされ、世に出てゆき…なんかオレ、できちゃった？とカンチガイして。当然そんな状態では、ジブンでゼロから考える、アイデアを発想できる、そういうコピーライターにはほど遠くて。次の仕事でも同じことをくり返し、コピーの山の中から◎がつく奇跡を待つという。これではアイデアもへったくれもないし、カラダもココロも、もたなくなってくる。そうこうしているうちに、30歳になり、TCC新人賞もいただき「赤城くんにお願いしたい」という仕事もポツポツ増えてきて。その頃から「コピーの書き方」を、変えていったんです。

本当の意味でコピーを書くのは「思考を続けた先の僕だけ」とする

決めたことは「コピーを書く（権利がある）のは、思考を続けた先の、打ち合わせ当日の朝の僕だけ」ということ。オリエンを聞いたとき、商品の情報を取材したり調べたとき…その都度、浮かんだものや考えたものは「まだコピーじゃない（意地でもそう見なさない）」。なんとなくいいフレーズであっても、それはコピーの欠片にすぎないんだ。そうやって日々を過ごしてゆく。名づけて「まだコピーじゃないんだけどね大作戦」。これ、実はとても不安です。だって、こんなにも考えを巡らせているのに、まだコピーは1本も書けていない（と見なす）状態が続いてゆくのですから。だからこそ「まだコピーじゃないんだけど…この商品に出逢う前の（ターゲットの）女性は、どんなキモチなんだろう…想像するに、〇〇〇〇〇?」「まだコピーじゃないんだけど…この商品が売れて、その先、この企業はどんな未来を思い描いてるんだろう…たとえば、〇〇〇〇〇?」「まだコピーじゃないんだけど…ライバル企業がこの商品に言われて最も悔しがる言葉ってどんなものなんだろう…それって、〇〇〇〇〇?」と、ひたすら自問自答をくり返してゆく。このときやっぱりコピーは浮かんでしまう。

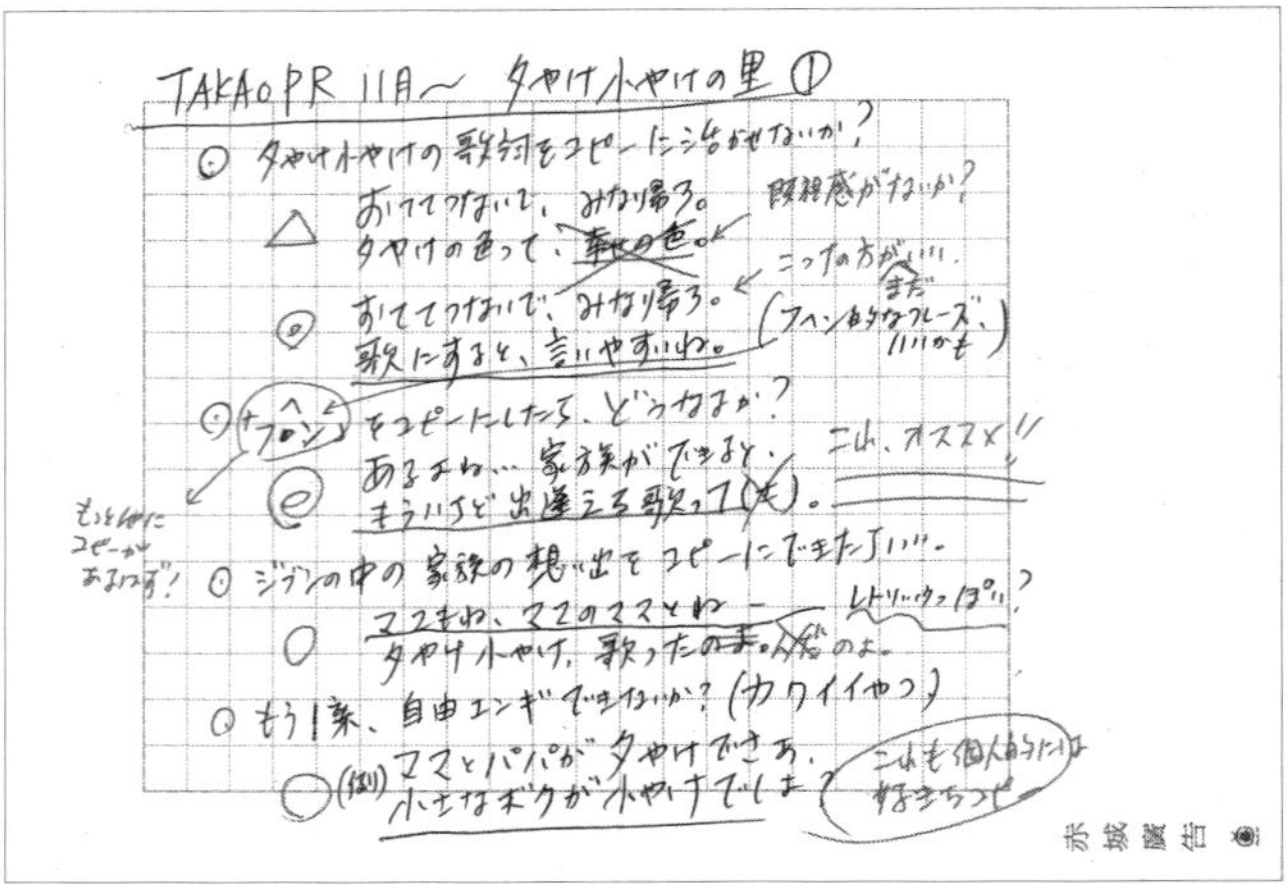

「まだコピーじゃない状態」から「清書」に向けての赤入れシート（TAKAO PR 原稿用紙実物）。「TAKAO PR「夕やけ小やけふれあいの里」思考メモの一部。決定コピーの「ママもね、ママのママとね、夕やけ小やけ、歌ったのよ。」は、清書時に赤入れして「ジブンとしての採用コピー」を決めた段階では、イチオシではなかったのです」。（赤城氏）

けど、あくまでメモ的に書いておく程度にし、「それはまだコピーじゃない」とジブンに釘をさしておく。「これだ！」と思いこんでしまうジブンより「それもそうだな、そういうのもアリかもな」と思えるジブンを大切にしてゆく。「まだコピーじゃないんだけどね」という発想で生まれたアイデアやフレーズは、その時点では「まだ」コピーじゃないけど、「やがて」コピーになるという前提で生まれているので、いいコピーへ進化する可能性を秘めているはず。これを、制作チームの最初の打ち合わせ＝ファーストプレゼンまでに積み重ねてゆけば、かなり高い確率で、いいコピーにたどり着くことができる。僕はそう信じこんで、そういうやり方で仕事に取り組んでいます。

そしていよいよ、そんな日々の最後の日＝打ち合わせ当日の朝、コピーを書く（権利のある）僕が、それまでの思考の証しであるメモを見返し、ぐちゃぐちゃな手書きの言葉の中から「コピーとして採用する言葉」をタイピングして「清書」してゆきます。そのまま少し手直しするだけでコピーになるものもあれば、そのアイデアをヒントに新たにコピーを生み出す作業が必要になる場合もある。そうして朝の空気の中、神聖なキモチで、文字通り「清書」が行われます。そこまでの思考量が多ければ、いいコピーが書ける可能性が高いし、そこに書いてあるメモを起点にしてもっといい発想がわいてもくる。逆にサボって過ごしてきてしまうと、コピーを書く当日の僕の負担は膨大なものになる。それまでの日々は、最後にコピーを書くジブンのための「大切な途中」。そういう意味で僕にとっての「清書」は、書きためた思考に◎をつけ、本当の意味で「コピーを書く」工程なんです。

「コピーの素を考える」から、「その手前のアイデアを考える」へ

そういうふうに仕事を進めていつつも、それが果たして正しいのか試行錯誤していた中、こんなことがありました。あるCD（クリエイティブディレクター、以下、CD）と仕事をご一緒したとき、打ち合わせの席で「まだ、ぜんぜんコピーじゃないんだけどね」と、あるビジュアルに乗せた1行のフレーズと、ステートメント（CDがおっしゃるには、そのすべてが「アイデア」）を提示され「ここから、赤城さんだったらどうコピーにジャンプするかな?」とおっしゃいました。ジャンプもなにも…「アイデア」とCDが呼んでいるものは、その視点といい、発想といい、存在そのものが、すでに僕の目にはみずみずしいコピーに見えました。それでもCDは「アイデアは机に乗った時点でみんなのものだから、いい！と思ったら、ここを起点にどんどん赤城さんの言葉にしていって」と言ってくれて。おそらくコピーライターである僕に気をつかってくださってのことだったのでは？と思

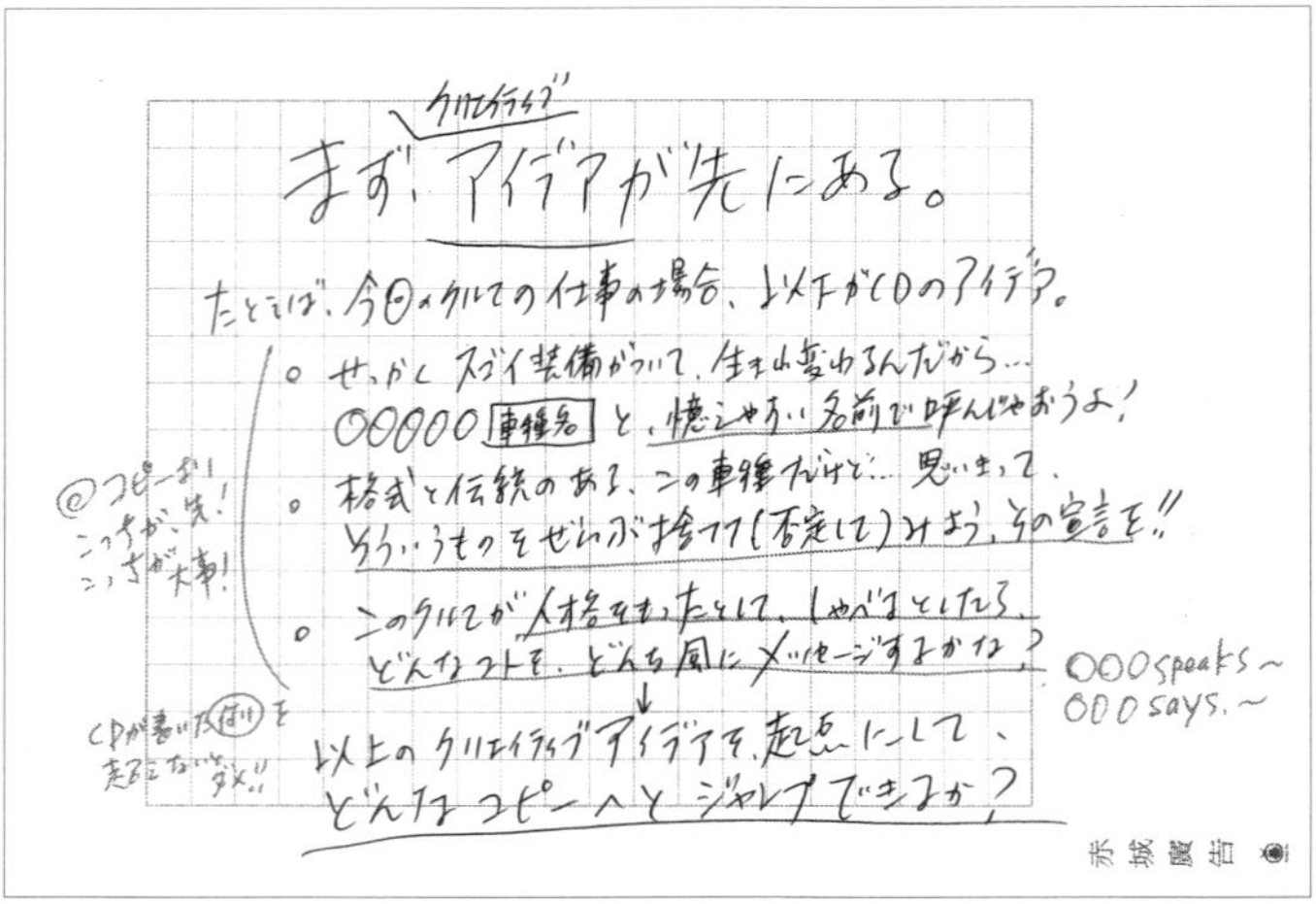

アイデアが先で、そこから企画やメッセージが生まれると教わったときのメモ（原稿用紙実物）　「ある仕事で「まだぜんぜんコピーじゃないんだけどね」と、クリエイティブディレクターが「アイデア集」を提示してくれた。そのいくつかをディレクションに、コピーへジャンプする際、忘れないように実際に書いたメモです」。（赤城氏）

うのですが。とにかくこのとき、僕が旨としてきた作戦＝「まだコピーじゃないんだけどね」と同じ言葉を、奇しくもＣＤが使われていたことに驚きつつも、少なくとも僕の思考の仕方は間違ってはいなかったのかなと思えた。すごく勇気をもらえた。ただ、このときのＣＤは「まだコピーじゃないんだけどね」という発想で、コピーやコンセプト以前にある「アイデア」を、意識的に生み出そうとされていて。ここに、はっと気づかされました。ＣＤ曰く「アイデア」の先に、企画やメッセージが生まれるんだと。コピーというカタチにしばられもせず、ディテールにとらわれることもなく、純粋に、新しいアイデア、ビッグアイデアと呼べる表現フレームみたいなものを（それもいくつもいくつも）自由に発想して打ち合わせのテーブルに上げようとされていて。つまり「アイデア」をベースにした「クリエイティブディレクション」を実践していたんです。しかも、そのＣＤの「アイデア」は、僕がひと目見て感じたように、レベルの高いものだった。「ま、最終的にはアイデアがそのままコピーになっちゃうこともあるんだけどね」とおっしゃっていて、そのことにも合点がゆきました。それまでの僕との明確な違い…それは、僕は「やがて」コピーになるという前提で「まだ」コピーじゃない「コピーの素」を考え続けていたのに対し、CDは、コピーだけに執着することなく、大きな意味での「アイデア＝表現フレーム」を、誰よりも無邪気にクオリティ高く考えていたということなんです。僕もそれ以来、このCDの仕事の進め方を見習い「まだコピーじゃないんだけどね大作戦」を、コピーの手前のアイデア重視の、大きな作戦として実践してゆこうと思えた。そんな貴重な体験でした。まぁ、これを日々、ジブンに課し（アイデアでクリエイティブディレクションするジブンと、そこからコピーへジャンプさせるジブン、その2役を）、実行するのは、楽しいけどタイヘンなことだとは思います。

新しい言葉は、そうそうない。けど新しいアイデアには、たどり着ける

いきなりコピーを書いてしまうと…そこで思考はストップしてしまうし、ジブンのコピーの力量の範疇からジャンプできない。「まだコピーじゃないんだけどね大作戦」は、そこを打破するためのものですが…オリエンを受け、プレゼンを経て、企画コンテが決定したにもかかわらず、その決定コピーを「まだコピーじゃないんだ」と見なして、さらにいいコピーがあるはずだからと海外ロケに連れていってもらった…そんな仕事がありました。大塚食品のクリスタルガイザーです。要は、現地でもっと考えろ！という状況をチーム全体から突きつけられた恰好ですね。企画が通ったのに「コピーについては白紙だからな、赤城くん！」状態です。ドキドキものです。旅が終わって、いいコ

ピーが生み出せなかったらアウト！ です。不安を抱えたままロケチームに同行しながら、現地の先住民に詳しいという人に取材したり…朝から晩までパワースポットの空気を吸い、実際に水源を訪ね、手ですくって水を飲んでみて、ＣＤやクライアントのご担当者さんとディスカッションを重ねてゆきました。まだコピーじゃないメモは膨大な量になりました。その中から僕らがたどり着いたアイデアのひとつが「大地の、地球の声が聞こえた気がしないか？」というものでした。ＣＭの映像は、大自然そのものを映すと決まっていたので、そこに「地球の声」を乗せ、体温を宿そうという作戦です。その方向でいくつもコピーの素を、感じるままに書きためてゆき…ロケを終え、帰国後に改めて行われるコピー打ち合わせの朝、やはりいつもの方法で「コピーとして採用する言葉」を「清書」してゆきました。再度、クライアントにプレゼンし、世に出たコピーのひとつが「地球が『飲め』と言っている。」でした。言葉としては、とりたてて新しくはない。けど、ただオリエンを受け、ふつうにデスクで考えただけでは生まれないアイデア思考が生んだコピーだったと思っています。これはいつもの「まだコピーじゃないんだけどね大作戦」とは状況が違うものでしたが、根っこの部分は同じで…壮大な時間と労力をかけた「まだコピーじゃないんだけどね」体験だったと思います。こんなに恵まれたケースに巡り会うチャンスは、そうそうありませんが…いきなりコピーを書いて安心してしまわないほうがいいと改めて感じた仕事でした。最後まで読んでいただき、ありがとうございます。それではこのへんで…ある仕事が「まだコピーじゃないんだけどね」状態なので…あわててコピーを書いてしまわないように、アイデアを考える旅を続けてみようと思います。打ち合わせ当日の朝、本当の意味で「コピーを書く」僕が、いいコピーを「清書」できるように。

まとめ

「まだ」コピーじゃなくていい、「やがて」コピーにすればいい、無邪気にアイデアを出し続けよう

1. 浮かんだアイデアは「コピーの欠片」とみなし、思考をやめず、自由に視点を広げてゆく
2. 「これだ！」と思いこんでしまうジブンより、「そういうのもアリかもな」と思えるジブンを大切にしてあげる
3. 打ち合わせ当日の朝、神聖なキモチで書きためたメモを見直し、コピーとして採用できる言葉に◎をつけ清書する

赤城廣治

［あかぎ・こうじ］　赤城廣告　コピーライター
97年東洋羽毛工業「ぐっすりが、いちばんのくすり。」でTCC新人賞。主な仕事に、京王電鉄TAKAO PR「ママもね、ママのママとね、夕やけ小やけ、歌ったのよ。」、熊本市「立つんだ熊本ジョー」、大塚食品クリスタルガイザー「あなたが飲んでいるのは、シャスタに流れる時間だ。」、大阪ガス・東京ガス他「ガ、スマート！」、公明党「そうは、いかんざき」。

「おりこう山」と「おばか山」

中島信也

「できない・書けない・作れない」からの脱出法

「コピーなんか簡単や！」と最初はすらすら書けてたのに、コピー年鑑を買って写経とか始めたりすると、なぜか全然書けなくなってしまう、っちゅう超常現象みたいなことが発生することがあります。コピーの勉強をすればするほど筆がどんどん重たくなってきて、あれあれ？ なにこれ？ となっていく現象、そう、それが「コピーライティングのパラドックス」っちゅうやつです。

なんでこんなことになるんか、というとこれはもう、原因ははっきりしてるんです。「ええコピーを知ってしまう」からです。最初はなんとも思ってなかったあの「名作コピー」と言われているコピーのすごさ」がわかってきたりするからなんです。こうなると筆はもう一ミリも進まへんようになってしまいます。

なんでええコピーを知ってしまうと書けへんようになるのか、と申しますとそれは「いきなりええコピーを書こうとするようになるから」です。なんらかの言葉が頭の中には浮かんでくるんやけど、それを「あかん！ こんなんでは名作コピーになれへん！」と頭の中で勝手に決めつけて、頭の中で勝手にダメ出しをしてしまうんです。ダメ出しされてしもたら、そんな言葉書いてもしょうがない、と言うことになって、筆は一ミリも進まへんようになってしまいます。「できない・書けない・作れない」まさに地獄の三重苦っちゅうやつですな。ここからなんとかして脱出したい。

「おりこう山」をつくる

「できない・書けない・作れない」まさに地獄の三重苦からどうやって脱け出すのか。その方法はコピーライター養成講座講義でのみお伝えする門外不出の秘伝の一つなんですけど、60周年ということでここは一発開陳かな、と思うわけです。

まずは、オリエンテーションをよう見てみ、ちゅうお話です。コピーっちゅうもんは俳句や短歌と違います。どこがちゃうかと言うと、コピーは「広告」の一部やっちゅう点です。広告というのは「問題解決の手段」です。なんらかの問題を解決する、という目的を持ってます。「古池や蛙飛び込む水の音」という名句がございますが、これはなんかの問題を解決するもんやありません。置かれている状況、起きている出来事を「五七五」という17文字で表現せよ、という問題を解決してるとも言えなくはないんですが、それはさすがにこじつけやろ、と思うわけです。

一方、広告。広告が解決したい問題とはなにか。それが表現されてるんが「オリエンテーション」っちゅうやつです。オリエンテーションには「なにかをなんとかして解決したい」という「お願い」が込められてます。このお願いを叶えるのがクリエイティブの仕事です。お願いを叶えるにあたって様々な手段を講じていくわけですが「コピーを開発する」ちゅうのは実はその手段の一つなんです。そやからオリエンテーションから「お願い」を汲み取るのはコピーを書くにあたっての基本中の基本です。ほんで、そこで「お願い」さえ汲み取ることができる人であれば、普通「ちゅうことはこういうこと?」という解決の糸口が見つかるはずなんです。

問題はそっからです。オリエンテーションから「お願い」が汲み取れたら「ちゅうことはこういうこと?」という素直な回答が出るんですが、それをコピーにしてみると大概おもろないんですな。こんなもんオリエンテーションのまんまやんか、とか、こんなもん、誰でも同じこと考えるわ、とか、こんなん賞とられへんわ、とか頭の中で勝手にダメ出しをしてしまう。このダメ出しを越えてさくさく名作コピーが浮かんでくる人はええんですが、今はあれでしょ?「できない・書けない・作れない」という地獄の三重苦の最中でしょ? まず書いてみるんです。ダメ出しせずに書き出すんです。「ちゅうことはこういうこと?」というもんをぜんぶ書き出してみる。

それはきっとおもろないもんかもしれません。そんまま提出したら、自分の評価をさげてしまうくらい陳腐なもんかもしれません。そんな、自分ではいまいちすぎやと思えるコピーの山、この山に名前をつけておきます。「おりこう山」です。「おりこう山」をつくる。地獄の三重苦からの脱出の、これが第一ステップです。

「おばか山」をつくる

オリエンテーションの前で素直になって、自分の勝手なダメ出しを排して書き出したコピーたちの山「おりこう山」はできましたか? できた人だけ次のステップに進みます。それは、おばかさんになる、というちょっと高度な作業です。これがなかなかでけへん。おばかさんになる、それはどういうことかと言いますと、オリエンテーションから遠く離れる、ということです。「おりこう山」をつくるために凝り固まったオリエンテーション頭をぐじゃぐじゃにほぐす作業です。「世界初の技術でくだものの旨味を最大限に抽出し、満を持して新発売する社運のかかった新商品」というお題に対して、「住民票の写し、忘れちゃった！」とか「星見えへんやん」とか「端末の顛末」とか「ザブングル！」とか、「おまえ、ばかじゃないのか？」と疑われるようなものをいっぱい書き出すんです。「あ、先生、僕それ得意です！」ちゅう人、ちゃんと「おりこう山」つくりましたか？「おりこう山」つくらんと「おばか山」だけつくっとったらほんまのおばかさんや思われますよ。

頭の中でなにかが起こってる

おばかをつくること。これはやってみると思ったより難しいことがわかるはずです。でも、おばかの山をガッツリつくり倒すことができたとしたら、その人の頭の中には、ある変化が生じておる、と僕は睨んでます。その変化、簡単に言うと「凝り固まりがほぐれつつある」ちゅう変化です。

オリエンテーションに忠実に、まじめに考えてつくった「おりこう山」。この作業は、ある種大変論理的な思考方法です。論理的な思考を司る左脳がよく働いてるんとちゃうか、と僕は想像してます。それは正しいことを追求する作業です。間違ったことが出てきたら修正して正しい方向へと戻す。これは大変立派なことなんですが、ある意味「頭が凝り固まる」状態を招きやすい。「ちょっとぐらいええやん」と思うようなことをビシバシ取り締まってくる先生のことを「カタブツ」と呼ぶように、正しいことを考えることは頭を固くしやすい。

一方「おばか山」をつくる作業は逆に、感覚の世界です。「世界初の技術でくだものの旨味を最大限に抽出し、満を持して新発売する社運のかかった新商品」というお題に対して、「うんこ」と答える。これはカタブツ先生にとったら絶対許せん世界です。ありえへん世界です。これを許すんです。それが「おばか山」づくりの本質です。僕の推測では、これには右の脳みその働きが深くかかわってるんとちゃうか、と思います。

そうです。「おばか山」をつくる作業は、自分の右の脳みそを自由に動けるような状態にすることによって、自分の左の脳みそに住んでる「カタブツ先生」を少し黙らせる、ということなんです。これによって脳みそを「凝り固まりがほぐれつつある」という状態に持っていく作業なんです。

再び「おりこう山」へ

「うんこ」が、自分の左の脳みそを支配している「カタブツ先生」を少し黙らせる、という「おばか山」づくりの効用、おわかりいただけたでしょうか？　でも、おもろない山やなあ、と思ってる「おりこう山」、こんなん出せるわけないやん、としか思えない「おばか山」この2つの山ができたところで「できない・書けない・作れない」の地獄の三重苦から脱出できたとは言えないことは僕も重々承知しております。

実はこっからが大事なんです。もっかい「おりこう山」に戻るんです。「おばか山」づくりに根性を入れたあと、もっかいオリエンテーションに立ち戻ってみる。左の脳みそを支配していた「カタブツ先生」がちょっと元気をなくしてる。右の脳みその「うんこ」が、なんやしらんけど妙な開放感を与えてくれ始めている。ここでオリエンテーションに戻る。もっかい「おりこう」を考えてみる。

そこでまたまたあの「カタブツ先生」がガミガミ言うてきたらまた「うんこ」に行けばよろしい。ほんでまた「おりこう」に戻る。右の脳みそと、左の脳みそを行ったり来たりしてる、というイメージを僕は持ってます。ほんで、なんと、その行ったり来たりをやってると、左右の脳みそのあいだにとんでもないもんが生まれます。それが「天才案」と僕が呼んでるものです。

「天才案」の誕生

「天才案」それは、ただの言葉やのになぜか人の心をつかむコピーのことを言います。オリエンテーションに「おりこう」に答えていながら「おばか」の持ってる魅力を兼ね備えているコピー。別の言い方をすると、「なんやこれ?」と一見オリエンテーションから遠くはなれてまるで「うんこ」のようにやんちゃな風貌をしてるのに、ちゃんとオリエンテーションにあった問題を解決するところへと着地できているコピー。これが「天才案」です。「カタブツ先生」ではなく、しゃれのわかる、でもちゃんとしたまじめなええ先生、がそこにはいるはずです。

ここで気づいてほしいんです。「できない・書けない・作れない」とき、もしかしたら最初っからこの「天才案」を思いつこうとしてたんとちゃうか? ということに。そうです。名作コピー、それは「天才案」です。TCCコピー年鑑は「天才案の宝庫」と僕が呼んでいる本です。名作コピーを勉強すればするほど書けなくなる「コピーライティングのパラドックス」の原因は、最初の最初から

「天才案」だけをつくろうとしていたことにあるんやないか、と思うんです。

「天才案」は生める

最初からはできません。それはレベルが高すぎるやろ、と僕は思います。でも、宣伝会議コピーライター養成講座で教鞭をとられてるようなコピーライターの達人たちはなんでこんなにぽんぽん天才案を生めてるのか。実は、どんな達人でもみんな、コピーライティングのスタート地点は「できない・書けない・作れない」という地獄の三重苦なんです。そやから達人も地道に「おりこう山」から始めてるんやと僕は思います。ほんで「このままでは正しく言うてるだけやないかい」と自分の中の「カタブツ先生」に突っ込みを入れつつじわじわと言葉に磨きをかけていってる。その時の心持ちは「うんこ」とは言えないまでも「おばか山」をつくってる世界に近い。でも「うんこ」までは登頂せず「おりこう山」をまた駈けのぼる。達人とはこの「おりこう山」と「おばか山」の往復という作業を、脳内で高速にできる段階まで修行を積んだ人のことを言うんやと思います。左の脳からはいって、右の脳へ高速でアクセスできる脳梁というやつが鍛え上げられてるんやと思います。

達人を目指して、まずは「おりこう山」に登りましょう。登ったら「おばか山」に登ってください。そしてまたあの「カタブツ先生」の棲む「おりこう山」へ。その繰り返しが「カタブツ先生」を弱体化させます。そしてやがて「できない・書けない・作れない」という地獄の三重苦からの脱出だけやなく、「天才案」の誕生という感動の世界に導いてくれるんです。「天才案」は生めるんです。

まとめ

書けない時は「おりこう」に
そしてその後「うんこ」を書く
行きつ戻りつの先に「天才案」が待っている

1. ダメ出しをしないで、まず「おりこう」に書こう
2. ありえない「うんこ」を書いて「カタブツ先生」を追い出そう
3. そしてもう一度、オリエンテーションに戻ってみよう

中島信也

［なかじま・しんや］　東北新社　CMディレクター
1959年福岡県生まれ大阪育ちの江戸っ子。武蔵野美大卒。1990年からコピーライター養成講座で講義。1993年に日清食品カップヌードル「hungry？」がカンヌ国際広告フェスティバルでグランプリを受賞。主な仕事に、サントリー「伊右衛門」、日清ラ王「西島秀俊シリーズ」、TOTO「菌の親子」など。映画『矢島美容室 THE MOVIE 夢をつかまネバダ』監督。文化放送『なかじましんや土曜の穴』パーソナリティ。

ギリギリまで考える

左俊幸

僕の場合、コピーやCMがスグに思いつくということは滅多にないですし、仮に思いついたとしても全然ダメなものが多いです……。オリエン中やオリエンの直後に、キレッキレのコピーやCMが思いつくような天才に生まれたかったなあと夢想した時期もありましたが、僕は学生時代、ほとんど勉強をしなかったですし、だから二浪してますし、しかも二浪までして行った大学にはほとんど行ってないですし、そんな人間が天才になれるわけないなと、今は諦めています……。

もっと言うと勉強だけじゃなく、映画や音楽やアートにも一切興味を持たず、友達とひたすらくだらない話をして、お笑いの映像をダラダラ見て、ここでは書けないような映像をたくさん見るなど、クリエイティブ要素のまったくない学生時代を過ごしてしまった僕が、そもそも今の仕事に就くことができ、まだなんとかやれていること自体が奇跡みたいなもので、これは完全に周りの皆さんのおかげです。広告業界に入ってから特にお世話になっている植原さん、門田さん、塚崎さん、白澤さんには深く感謝しております。…でも周りに恵まれるかどうかは運もあるので、今この本をご覧になっている学生の皆さんは、ちゃんと勉強をするなり、映画や音楽やアートにハマるなりして、有意義に過ごされた方がいいと思います。実際のところ社会に出てしまったらそういう時間はあまりとれないですし、コピーを書くにもCMを考えるにも、いろんな知識があるに越したことはないと思いますので……。

調べながら、考える
考えながら、もう一度調べる

というわけで、天才じゃない僕の場合、新しい仕事がきたら、コピーやアイデアを考える前に、まずその企業や商品についていろいろ調べます。ちなみに若い頃の僕は企業や商品のことをめちゃくちゃ調べまくった挙句に時間がなくなり、コピーやCMを考えるのが疎かになってしまう、あるいは過剰に知りすぎてしまったが故にコピーもCMも超つまんなくなるという本末転倒を絵に描いたようなことがよくありました…。目的はあくまでもいいコピーやいいCMを考えることなので、情報を調べる際はできるだけ効率的に、そして調べながら同時にコピーやCMも考えるぐらいの気持ちでいた方がいいと思います。最近の僕は、仕事がきたらまず最初に普通にネットで検索をかけて正規の情報を調べ、そのあとリアルタイム検索をかけて口コミっぽい情報も調べます。なんとなくですけど、正規の情報よりも口コミやまとめサイトの方が、企画のヒントになる情報が多いような気がします。で、その後クライアントさんの過去の広告や、競合相手のCMを見ます。たとえば新しい仕事がスキー場のCMであれば、「スキー場　CM」で検索をかけて古いのも新しいのもガンガン見ます。で、それらのCMのいい部分や悪い部分を考えたり、競合と比較した際のクライアントさんの強みや訴求ポイントをボーっと考え始めたり、今のターゲットや世の中の気分を想像したり、今話題になっているCMを見たりしつつ、ぼんやりと企画を考え始めます。僕は最終的には絵コンテや字コンテを作るのですが、最初のうちはノートにバーっと情報やコピーやアイデアの断片を書きまくります。思いついたことをなんでも書きつつ、企画の方向性を探ります。で、企画に行き詰まったらオリエンペーパーに戻り、また情報を調べ直したりします。で、またノートにいろいろ書き散らしながら考えます。これをぐるぐる繰り返しながら、サボろうとしがちな自分を鼓舞して、自分が本当にイイと思えるようなコピーやCMを考えつくまで粘ります。仕事だと思うとツラい気持ちになるので、これは趣味だと自分に思い込ませながら、できるだけ楽しい気持ちで企画をするようにしています。見る人が楽しんでくれて、クライアントさんのためになって、スタッフの皆さんが面白がってくれて、自分も楽しく企画ができる。そんなアイデアを探してさまよいます……。

仕事の話も、そうじゃない話も含めて、何度も何度も話し合う

で、割と早い段階で制作会社の方々とCM企画についての打ち合わせをします。僕はランニングという制作会社の皆さんとよく仕事をさせていただいているのですが、ランニングの社長兼プロデューサー兼ディレクターの白澤さんは、僕が入社2年目の頃からずっと一緒に仕事をさせていただいている業界の大先輩なので、良くないコピーやCMを見せたらガンガンダメ出しをされます。同じくランニングの新川くんや磯本くんも忌憚のない意見を言ってくれます。そこに代理店と制作会社の壁は一

切ありません。超カジュアルに「わかりにくい」「クライアントさんのイメージが悪くなる」「おもんない」「下品すぎる」「エロいだけやん」みたいな感じでダメ出しをされます。特に白澤さんの目線は偏った主観ではなく、徹底した生活者目線なので、毎回グウの音も出ない感じです……。でもよっぽどの天才でもない限り、ダメ出しをしてもらえる環境に身を置くことは大切だと思います。人間には「ダメ出しされてから本気出す」みたいな部分があるような気がするので……。ランニングさんとの打ち合わせの場でダメ出しをされたり、最近面白かったCM、つまらなかったCMを見ながらみんなで話し合ったり、最近話題になっているニュースのことを話したり、今どんなCMだったらウケるんだろうという話をしたりしつつ、少しずつコピーやCMの方向性を探っていきます。雑談からアイデ アが生まれたりすることも多いので、仕事以外の話もガンガンします。最近は新川くんの新居話がアツいです。ちなみに打ち合わせのメンバーはだいたい3〜4人ぐらいです。コピーやCM、アイデアについての打ち合わせをするときは、たぶんこれぐらいの人数がベストだと思います。これ以上多くなってくると、なかなかまとまらなくなってくるので……。

で、その打ち合わせで決めた方向性に沿って、またコピーやCMを考えます。その方向性で楽しく企画ができなかったら別の方向性も考えます。オリエンに対する疑問が生まれたら営業やクライアントさんに聞いたりします。で、書き散らしたノートや打ち合わせのレジュメを見返したりしながら「これなら楽しく企画ができそう」と思えるアイデアを探し続けます。で、「イケる！」と思えるアイデアが見つかったら、CMの絵コンテ、もしくは字コンテを書いていきます。僕はシリーズCMが多いので、毎回けっこう大変です。で、その企画を土台にまた打ち合わせをして、またコピーやCMを考えて、みたいなラリーを何度も繰り返しながら少しずつマシなものにして、「これはイイ！」と僕もランニングの皆さんも思えるようなコピーや企画ができたら資料の準備にかかってプレゼンの日がやってくる、という感じです。いつもだいたいギリギリです。何度打ち合わせをしても方向性すら決まらないこともあれば、比較的すんなりコピーもCMも決まることもありますが、どちらかと言うと苦しみながら、みんなで何度も打ち合わせを繰り返しながら生まれたコピーやCMの方が、結果的にいいものになっているような気がします。

プレゼン前も、プレゼン後も、撮影中も、編集中も、ギリギリまで考える

僕は言葉でアイデアを定着させることが多いです。たとえば宮崎県にある五ヶ瀬ハイランドスキー場のCMのときは「オールドスタイルの爽やかな恋愛CMをやっているスキー場が多いから、もっと若い人にウケそうなバカバカしくて今っぽい恋愛CMをつくろう」という大枠のストーリーは思いついたものの、それを具体化する言葉が思いつかず、コピーやCMに定着させることができませんでした。で、月曜日がプレゼンなのに金曜日の時点でコピーもCMもまったくできておらず、だから仕方なく土曜日の朝から天神地下街のドトールに籠もって「以前別の仕事で出演していただいた藤田可菜さんが彼氏に向かってカメラ目線でいろいろ言う感じのCM」というところまで考えて、でもそれだけじゃ企画になってないよなあと悩み、そこから天神にある国体道路沿いのタリーズに移って「五ヶ瀬ハイランドスキー場は日本で一番南にあるスキー場…南のスキー場…南のスキー場…南ちゃん！」

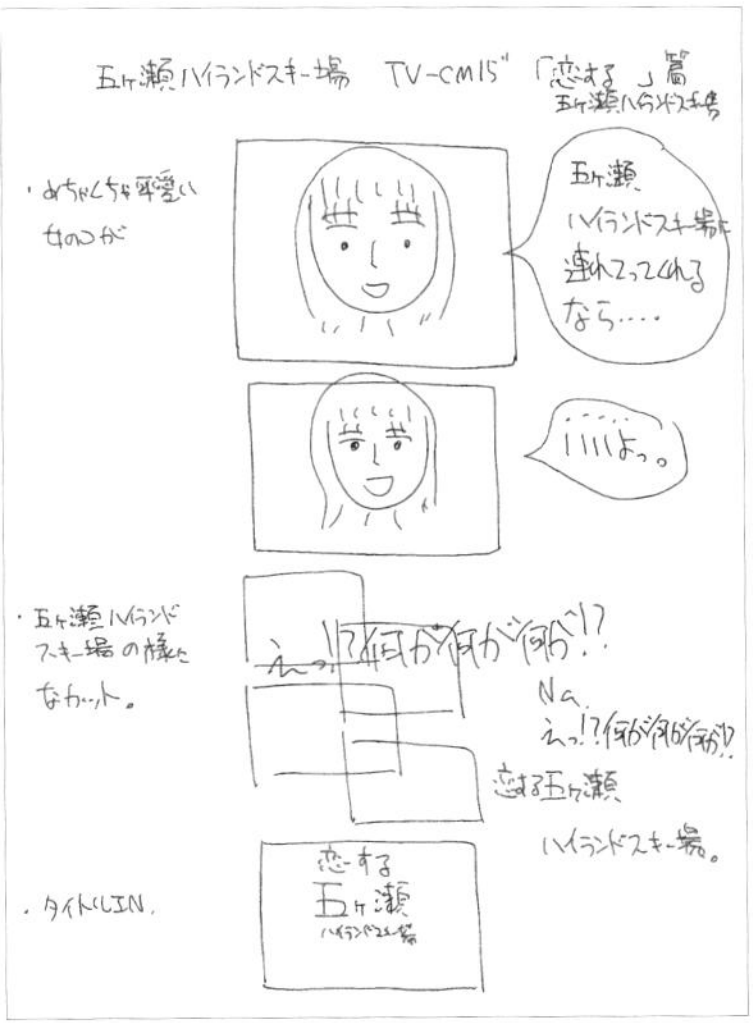

宮崎県「五ヶ瀬ハイランドスキー場」テレビCMの企画で、左氏が書いた初期の絵コンテ。

という言葉を思いついたところからガガっとCMの企画が進み、一気に10本程度のコンテを書き上げ、そのまま夕方ランニングに行って打ち合わせをし、なんとかギリギリのところでプレゼンに間に合ったということがありました…。通常はもうちょっと早めに準備するようにしておりますが、どうしてもいいアイデアが出ないときはこんな感じになってしまいます…。ちなみにこのときに提案した五ヶ瀬ハイランドスキー場の南ちゃんCMは6年経った今も続いておりますが、プレゼンに向けて泣きながら企画をしているときは、当然ながらこんなに続くなんてまったく思っていませんでした……。僕はとにかくギリギリまで考え、ギリギリまでずっと打ち合わせを重ねます。プレゼン前はもちろん、プレゼンから撮影までの間も、撮影中も、編集中も、そのコピーやCMが少しでもマシなものになるよう、何度も考えて、何度も打ち合わせを重ねます。独りよがりにならないよう、チーム内みんなの目線で厳しく見ながら、そのコピーやCMが本当にちゃんと生活者に伝わるかどうかをギリギリまで検証します。でもアウトプットには、その「考えた感」が出ないよう気をつけます。作り手の「考えた感」は、生活者を冷めさせてしまうと思うので。

コピーやCMを考えるにあたって最近僕が強く意識していることは「今っぽいかどうか」です。難しい話では全然なくて、CMに今っぽいコピーやセリフをひとつ入れるだけでも、受け手側の印象はずいぶん変わってきます。若いコピーライターやCMプランナーの皆さんも「今っぽいかどうか」は常に意識された方がいいと思います。5年前、10年前でも成立するようなコピーやCMは、たぶん先輩方の方が全然うまいハズですし、過去を振り返ってみても若い制作者が世の中に出てくるきっかけになるコピーやCMのほとんどが「今っぽいもの」ですので。この仕事はめちゃくちゃキツいこともありますけど、めちゃくちゃ面白いこともたくさんあります。お互いがんばりましょう。

まとめ

ギリギリまで打ち合わせを重ねる
最後まで考えることをやめない

1. 仕事ではなく趣味だと思い込んで、楽しみながら粘る
2. ダメ出しをしてもらえる環境に身を置く
3. 「今っぽい」コピーやセリフを入れる

左 俊幸

［ひだり・としゆき］ 電通九州 CR局クリエーティブ1部 コピーライター／CMプランナー兼デジタル・マーケティング・センター デジタル・ソリューション・ユニット
1975年生まれ。主な仕事に「五ヶ瀬ハイランドスキー場」「別府競輪の男達」「高山質店」「別府温泉の男達」「スマイルプラザ」「別府競輪の女達」「ジャパンラグビートップリーグ」など。TCC賞、FCC最高賞、CCN最高賞、OCCクラブ賞、クリエイター・オブ・ザ・イヤー メダリストなど受賞。

逆算のコピーライティング

細田高広

読後感から逆算する

これから書こうとするコピーは、人のこころをどんな方向に揺さぶるべきだろう。言葉を書く前に、言葉の「読後感」を想像する。それが私なりのコピーライティングの第一歩です。頼りにするのは、これまでの自分が言葉や表現と出会ったときの感覚たち。コピーに胸の内をずばりと言い当てられてハッとしたときのこと。商品の特徴を1行で言い当てて欲望をくすぐる言葉の鋭さ。人生の指針になりそうだと思わず線を引いた小説の言い回し。ジャーナリストや社会科学者の文章から、新しい視点を得たときの発見感。映画の中のセリフで感じた痛いまでの切なさ。流行語になった言葉の、思わず真似たくなる語感。言葉に触れたときの様々なこころの振れ方を、記憶の引き出しをひっくり返して思い出します。

目指すべき読後感が決まると、次にコピーの「話者」と「人格」と「声色」が決まっていきます。大人の男性がバーでぼそっと囁くキザな言葉なのか、若い女性がぼやく等身大の言葉なのか。少年が大声で叫ぶ言葉なのか、友達に秘密を耳打ちする言葉なのか。イメージする読後感ひとつで文体に大きな違いが生まれます。それだけではありません。話者になりきり、人格と話し方を頭の中で徹底的に演じていると、不思議なことに、自分の中にはもともと存在しなかった視点が出てくるようになるものです。違う人物になりきることで、世の中の見え方が変わり、意見が変わり、発言も変わっていきます。そうやってコピーの新たな「切り口」を手にできるのです。

コピーライターになって間もない頃、よくトレーナーから「生きた言葉になっていない」「あたまでっかち」と指摘されました。あの頃は自分という人格や声色のまま、切り口だけを広げようともがいていたように思います。手先で書いた、感情のかけらもない、マーケティングの提案書からそのまま出てきた言葉になっていたのも無理はありません。読後感から考えるというコツをつかみ始めてからは、少しずつ、コピーの幅が広がっていきました。今でも発展途上ですけれど。

さて、現場の仕事では、ひとつのお題に対して、様々な読後感をイメージできなくてはなりません。胸に迫る切ない台詞の読後感から、世の中にモノ申すキッパリとした発言の読後感や、バカで愛せる読後感へ。もちろん、簡単には気持ちを切り替えられないときもあります。そんなときは、音楽に頼る。切ない読後感を目指すなら、ジャズバラード。世の中にモノ申すならボブ・ディラン、軽妙で愛される読後感なら植木等…と、読後感に沿った音楽を聴くことで気持ちのモードを変えるのです。このときに聞いていた音楽を、そのままCMの楽曲にと提案することもよくあります。メッセージ性と音楽性が、どうしたってしっくりきてしまうからです。そのまま提案が通ることは、金銭面の理由でなかなかありませんが。

コピーライティングは、こころの工学

さて、ここで「なぜ、読後感から逆算するのか?」について説明しておきましょう。異論はあるでしょうが、私は個人的にコピーライティングを「こころの工学」だと捉えています。地面を自由に遠くまで移動するために自動車が生まれ、空を飛ぶという動作のために飛行機が生まれました。建築家は人の流れを想定し、家電は人の行動を想定してプロダクトを設計します。同じように、広告の言葉とは、こころの動きのために計算され設計されるべきではないかと考えるのです。

コピーライターの仕事は、心理的な配管工のようなもの。言葉という小さな部品を持って、人のこころに入っていく。商品を買わないこころ、世の中に不安や不満を感じるこころといった、不具合を言葉で繕っていく。こころの「詰まり」や「欠落感」が小さな言葉の部品で補修され、スムーズな感情の流れが生まれるその先に、商品や企業を好きになるというこころが生まれる。コピーを書くときは、誰かの胸の奥で、汗をぬぐいながら工具を広げる自分をよく想像します。

また、読後感から逆算することのメリットとして、送り手都合の言葉を書いて満足してしまうリスクを避けやすくなると実感しています。コピーライターが書く言葉は、2つの「しん」を捉えていないといけません。ひとつは、広告する企業や商品でもっともたいせつな「芯」の部分。そしてもうひとつは、お客さんの「心」。お金をいただいて言葉を書いているため当然ですが、意識は広告主の言

いたいことの芯を捉えることにばかり向かっていきます。ついつい、企業の言いたいことだけを器用にまとめてコピーライティングと呼んでしまいがちです。しかしながら、それでは届く言葉をつくることはできず、結果的に効果を生み出すことができません。企業の伝えたいことを理解した上で、真っ先に受け手のこころに目を向ける行為を意識的に習慣化することが、特に駆け出しのコピーライターには必要となるでしょう。

書斎とは、空間ではなく、時間。

どこでコピーを書いていますか？と聞かれることがあります。私の場合は、本当に、あらゆる場所で書いています。カフェとかで仕事できていいよね、という優雅な話ではなく、そうでないと回らないのです。コピーライターの仕事は今多岐にわたっています。たとえば、企業の研究開発の方と一緒に新しい商品コンセプトを考えるといった仕事があります。そのときは地方の研究所へヒアリングにいきます。たとえば、企業のビジョンを考えるという仕事があります。社長のインタビューは欠かせません。十分に準備をした上で取材をし、対話の中ですぐさま誰もが理解できて新しく感じる言葉にまとめて提案するスピード感が求められます。あちこちへ向かう機動力とスピードを保つためには「決められた場所でしか考えられない」というワークスタイルではいけません。また、イメージする読後感を変えるためにも、コピーを書く場所を転々とするワークスタイルの方が向いています。

昔は立派な書斎を持って働くことに憧れたものですが、今は少し違います。書斎とは空間ではなく時間のことだ、と考えるようになったのです。集中して考える時間さえあればいい。ということで持

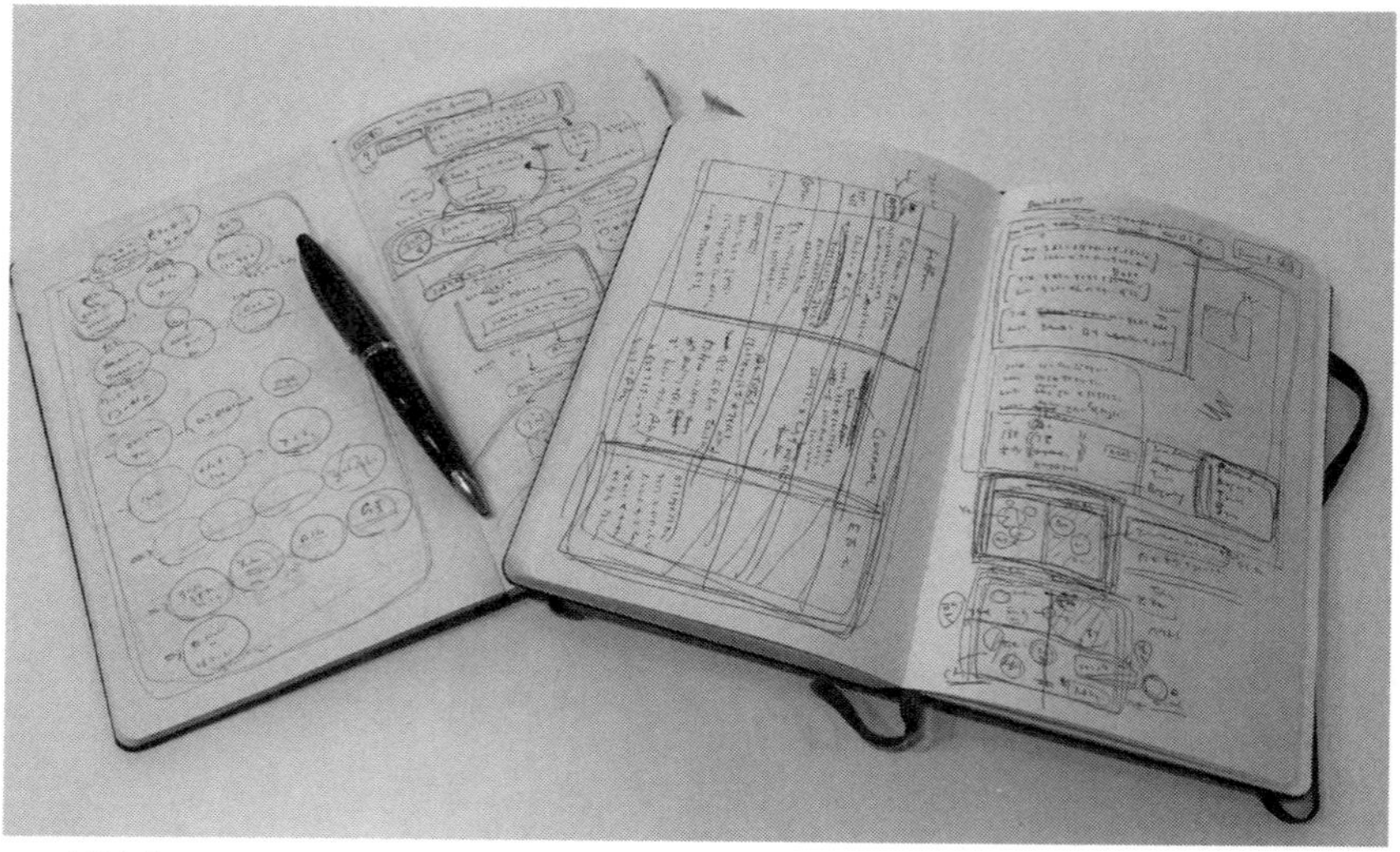

いつも持ち歩いている、モレスキンの無地ノートと、WATERMANのボールペン。

ち歩く道具は決まっています。モレスキンの無地ノート（Large）、ノイズキャンセリングイヤホン、WATERMANのボールペンの3点。これさえあれば、電車の中でも、飛行機でも、うるさいファミレスでも、喫茶店でも、どこかの待合室でも十分に集中して仕事ができるようになっています。

PCは原則持ち歩きません。クライアントの機密が入っているので、紛失のリスクは徹底して避けなければいけない。そしてなにより、コピーやアイデアの発想を広げるのにもっとも向いているデバイスは「紙」だと私は信じています。思いついたらその場で起動でき（面倒くさいパスワード入力もない！）、縦横無尽に書くことができる（ソフトウェアのフォーマットに一切縛られない！）。コピーやアイデアを考えるプロセスは、ひとつの連想ゲームのようなもの。違う時間、違うテーマで考えた言葉やアイデアを紙の上なら俯瞰しながら自由に結びつけることができる。ボールペンもいくつかを試した中で、油性でありながら紙の上をスイスイとアイススケートで滑るように書ける、今の1本が気に入っています。紙とペンの間に一度抵抗を感じてしまうと、思考のフローが妨げられているような気分になるのです。最初の10分はノイズキャンセリングイヤホンを使って無音で仕事を始めます。集中力が落ちてきたら、気分を変えるために音楽を再生します。

紙に向き合う時間は、拡散の時間と決めています。とにかく思考を広げて、馬鹿げたものや、あきらかに正解じゃないものもあえて認めて書き散らす。一方、オフィスでPCに向かう時間は、収束の時間。ロジックを整理して提案の流れをつくることに専念します。こうやってメディアごとに作業を分けることが、仕事のリズムをつくるいいスイッチになっています。

誰も言わないけど、誰もが感じているモヤモヤはなんだろう?

ここまで、コピーライティングのプロセスの、私なりの起点をできる限り具体的にお話ししてきました。しかし正直なところ、本当の意味での「思考の起点」は、自分でもはっきりしません。というのも、コピーや広告の仕事は、クライアントからお題をもらうずっと前から始まっているからです。私の場合、極論すれば365日考えて、何かしらを書いています。

具体的には「誰も言わないけど、誰もが感じているモヤモヤはなんだろう」という問いについて暇さえあれば考えています。電車の中刷りを眺めながら、本や雑誌を読みながら、ネットニュースを読みながら、はやりの映画を観ながら、みんなが一斉に言っていることと、その裏で言いにくくなっていることや、見過ごされていることに目を向けます。誰もが言っていることを言葉にしても、コピーに価値は生まれません。一方で、誰にも共感されない言葉も同様に無価値です。誰もが感じてはいるのに、言葉にできていないこと。それを言語化することが、一番価値があり、また難しい。企業からお題をもらってから、世間や生活の広いテーマを考えていたら間に合いません。日頃から仮説を持っておくことが大切です。その仮説はそのまま直接コピーやアイデアになることは稀ですが、それらを考える上で大きな補助線として確実に役立つはずです。

さて、偉そうなことをつらつらと書いてきました。さぞかし細田のノートには崇高なことが書かれているのではないかと思われるかもしれません。実際は逆です。見られたら半秒で赤面するほどの、恥ずかしいチンケな妄想や、くだらない思いつきや、青臭い企みや、不完全なコピーばかり。絶対に、絶対に、誰にも見せられない。が、きっとこんなゴミのような言葉の中に何かしら光るものが見つかるはずだ（1000にひとつくらいは…）。と半ば自分を騙しながら考え続ける毎日。天才や一部のスーパースター以外は、だいたいコピーライターをはじめとする広告制作者ってそういうものではないでしょうか。だから皆さん、安心してくださいね。

まとめ

つくりたいこころの動き↓言葉の人格↓
話者と声色↓切り口↓コピー
相手の気持ちから逆算して言葉にする

1. ひとつのお題で様々な「読後感」をイメージする
2. 商品の「芯」と受け手の「心」をつかむ
3. 誰もが感じているのに言葉にできていないことを、日々考える

細田高広

［ほそだ・たかひろ］ TBWA\HAKUHODO シニアクリエイティブディレクター コピーライター／自動車、通信、保険、アパレル、アルコールなどの業種を中心にグローバルブランドを担当。受賞歴にカンヌライオンズ金賞、CLIO賞グランプリ、Spikes Asiaグランプリ、ACC賞グランプリ、クリエイター・オブ・ザ・イヤーメダリスト、TCC新人賞など。著書に『未来は言葉でつくられる』（ダイヤモンド社）、『いますぐ行きたくなる 物語のある絶景』（文響社）がある。

広告を「人」に置き換えてみる

山口広輝

「広告」という色眼鏡を捨てましょう

その昔、大学の地下に造られた疑似刑務所で、囚人役と看守役に分けられた人たちが2週間、その役を演じ続ける実験を取り上げた実話ベースの映画がありましたが、人間というのは不思議なもんで立場が変わると考え方までけっこう変わるものです。たとえば、クルマを運転しているとき、信号機のない横断歩道を渡る人たちがダラダラとしゃべりながら歩いていると「待ってるんだから、早く渡ってくれよ!」とか思ってしまうことはありませんか? それとは逆に、今度は自分が信号機のない横断歩道を歩行者として渡っていたら、車がジリジリと進みながらプレッシャーをかけてきて「歩行者優先だろ!」とか思ったりしたことはどうでしょう? 僕は両方ともあります。立場が違うだけでこんなにも考え方が変わる自分がいることを「我ながら単純だな」と少し恥じたりもするのですが、その一方で、この現象は自分なりにしっかり認識しておくことが大切だな、とも思ったりします。

実はこの「立場が変わると考え方まで変わっちゃう現象」は、広告コピーの世界にも存在しています。広告というのは基本的に、生活者のプライベートな時間に突然割り込んで、自社の商品やサービスを「買ってくれ！」「使ってくれ！」と自慢げに売り込んでくる、かなり身勝手な行為です。YouTubeで気になった動画をクリックすると強制的に流れる映像や、俗に「CMまたぎ」といわれる番組の焦らしなどに、イラッとした経験がみなさんもきっとあるはず。ですが、これがおかしなもので、自分が生活者の立場のときは「広告ってジャマだな」と思っていたのに、いざコピーを書きましょう！という立場になった途端、そんなことは忘れてしまい、自分の書いたコピーは「みんな積極的に見てくれる」「面白がってくれる」と勘違いしてしまう人がけっこう多いんです。そのため、一方的でひとりよがりなコピーを書いてしまい、結果として「なんだ広告かよ」と無視されてしまうわけです。

そんな失敗をしないために、コピーを書き始める、あるいは広告を企画し始める時に僕はあることをしています。それは「広告を『人』に置き換えてみる」ということ。「コピーライターとして広告のコピーを書く」となると、なんだか急に特別なことをするような気分になりがちですが、ちょっと引いた視点で捉えてみれば、それって商品やサービスを売りたい人が、買って欲しい人に向かって何かを伝えるだけのこと。広告という色眼鏡を捨てて、人が人にものを伝える、というシンプルな見方に立ち返ってみると、「何を言えばいいか」「どんな言い方をしたほうがいいか」といった本質的なことが、割としっかり見えてくるものです。

たとえば、ナンパ＝自分ごと化

たとえば、広告は道を歩いている人に突然声を掛ける行為＝ナンパのようなものだと考えてみま

2013〜2014年JR SKISKIのキャンペーン「ぜんぶ雪のせいだ。」

しょう。まずは足を止めてもらい、話を聞いてもらわなければなりません。そんなとき、ベラベラと長い自己紹介をしてもダメですし、「俺、〇〇大学出身で」「身長が高くて」「家が金持ちで」なんて自慢話をしても誰も聞く耳をもってくれないはずです。その人にとってみれば、歩いているときに、いきなり自分に関係のないことを話しかけてきた迷惑なヤツにすぎません。そう考えると、できるだけ短く簡潔に話したほうがいいし、その人が足を止めたくなるような言葉を選ばなくてはならない、と考えるようになります。

たとえば、僕が担当したJR SKISKIのコピー。ターゲットは10代後半から20代前半のスノーレジャー初心者です。広告の目的は「新幹線でスノーレジャーに行ってもらうこと」。普通に考えれば新幹線のスピードに特化して「超特急でゲレンデへ」とか「真っ白へ、まっしぐら」みたいなコピーを書いてしまいがちです。さらにライバルであるバスや自家用車との差別化を狙えば

「快適に眠れる」「お酒が飲める」なんて切り口も考えられると思います。ですが、ここで「新幹線の優位性＝自慢話」を声高に語ったところで、本当に意味があるのでしょうか？ そもそも相手はゲレンデにすら行ったことがない人たちがほとんど。どれだけ新幹線の素晴らしさを聞かされたところで、「いや、スキーとか行きたいと思ってないし…」という反応になってしまうはずです。そんなことよりもこの広告に必要なのは「ゲレンデに行ったらこんな気分になれるかも」「こんなキラキラした体験ができるかも」といった見る人の欲望を直接的に刺激し、感情を動かすようなコピー。さらに欲をいえば、思わず友だちにも伝えたくなるような伝播力のある合言葉です。そういったコピーによって「じゃ、スキーでも行ってみようかな」という気持ちにすることさえできれば、あとは新幹線にするか、それ以外の交通手段にするかは、ネットやパンフレットを見て、金額や時間を基準に検討するというのが現実的なプロセスではないでしょうか。

広告は見知らぬ人に突然話しかけるようなもの。企業が発信する広告だからという先入観を捨てて、「人が人にものを伝える」というシンプルな視点で考えれば、まずは相手に興味をもってもらえるような切り口や言い回しを使った「自分ごと化」できるコピーを書くことが大切なのだということが見えてくると思います。

たとえば、合コン＝相対性

今度は、あなたがとある合コンに参加したとしましょう。４対４。こちら側の陣営は、みんなそこそこのルックスで、トレンドを押さえたファッションに身を包み、「俺ってサイコー」アピールをし

2014年夏　山形デスティネーションキャンペーン「思い出はいつも、あげるつもりが、もらってばかり。」

ています。「勤め先が大企業の俺」「忙しいけどやっぱり仕事が好きな俺」「高校時代、部活で県大会までいった俺」「こう見えても昔は悪かった俺」などなど。こんな自慢話のオンパレードの中で、自分もこの「俺サイコー合戦」に乗っかることは得策でしょうか？ きっとウザイ男たちの中に埋没し、女性陣も早々と終電の時間をスマホで調べ始めてしまうのではないでしょうか。実はこれが広告世界の現実。みんなが聞きたくもない自慢話をして、そのほとんどが同じようなものに見えて、スルーされてしまうという残酷物語なのです。

　では、どうすれば良いか？ こんなときこそ、他とは違う自分をアピールするチャンス。自分だけは自慢話とは違う文脈で女子が食いつきそうなトークをかましてみる。「猫ってかわいいよね」でもいいし、「玉子かけごはんの美味しい食べかた知ってる？」でもいい。すると女子は「え？ この人、ちょっと違う。なんか気になる」と思ってくれたりするわけです。

具体例でいうと、僕が担当したＪＲ東日本の山形デスティネーションキャンペーン（以下ＤＣ）という仕事。ＤＣとは都道府県や自治体とＪＲ６社が共同で行う観光キャンペーンで、その年は僕の故郷でもある山形を取り上げた回でした。自分の故郷への恩返し的なモチベーションもあり、いろいろと考えましたが、観光ポスターといえば、どれも名産や名所をこれでもかと紙面にコラージュしたものや、方言を使って地元の人たちやゆるキャラが出てくるものばかり。ここで「合コン＝相対性」という広告の擬人化を使い、目立つにはどうしたら良いかを考えることにしました。名所や名産は各自治体のポスターで取り上げているのだから、似たようなポスターを作っても埋没するだけ。それらとは違うやり方をしよう。で、つくったのが、図のようなポスターです。ＤＣには「もうひとつのふるさと」というメインテーマがあったので、もちろんそこは生かしながら、思春期を迎えた娘と、その娘の姿をファインダー越しに見つめる父という構図で、山形の魅力的なシチュエーションを背景に、父親のモノローグのようなキャッチコピーを一つ一つ書いていきました。「思い出はいつも、あげるつもりが、もらってばかり。」「美人よりも、美しい人になってください。」「一緒の初めては、あと何回あるんだろう。」といったコピーには「山形の自慢話」は特に入っていません。もちろん場所や歴史などを説明するボディコピーも小さく載せてアピールしましたが、あくまで大切にしたのは「山形に行ったら、こんな気分になれるかも」「こんな体験ができるかも」といった情緒の部分。相対性で目立つ。広告の擬人化の視点によって他とは違う広告にしたおかげで、この仕事は意外とネット上で話題にしてもらえたり、ありがたいことに賞までいただくこともできました。

ブランドは人柄。コピーは声。

広告コピーを深く考えることは、例えるなら、暗い海の中を潜っていくような、深い森の中をさまよい歩くような感覚に似ている気がします。出口も見えず、考え続けているとどんどん起点から遠ざかっていき、自分がどこにいるのか、どこに向かっているかすらわからなくなることもあります。そんなとき、僕は広告なんて「人が人にものを伝えるだけのこと」という極端な考え方にできるだけ立ち返って、クライアントはどんな顔つきで、どんな立ち振る舞いでモノを伝えたら、素敵に見えるんだろう？ 効果的にメッセージが届くんだろう？ ということを考えるようにしています。そう考えるとブランドと言われるものは「クライアントや商品の人柄」だったり、コピーは「その人が発する声」のようなものだな、とも思います。コピーを書くことは意中の相手に向かって「何を言えば心を動かせるか」「どう言えば伝わるか」「どんな声色にしたら届きやすいか」を考えること。とりあえずコピーを書き始める前に、広告をひとりの「人」に置き換えて、そんなことを想像してみるのも良いかと思います。

まとめ

見知らぬ人（広告）に突然話しかけられたら・・・
そのときの気持ちをイメージする

1. 見る人が「自分ごと化」できるコピーでなくては意味がない
2. 「他とちょっと違う、なんか気になる」を意識
3. 迷ったら「人が人にものを伝える」という
シンプルな見方に立返る

山口広輝

［やまぐち・ひろき］　ジェイアール東日本企画　クリエイティブ局　クリエイティブディレクター　コピーライター
主な仕事にJR SKISKI、大人の休日倶楽部、Suica | Apple Pay、Japanese Beauty Hokuriku、マイナビ就職、ららぽーと、an、高橋書店、Osaka Metroなど。TCC賞、TCC新人賞、朝日・読売・日経・毎日広告賞、交通広告グランプリ優秀賞、新聞協会賞など受賞。

発想のカギは

日々の過ごし方

「このコピーの時間は、先生の都合により、自習にします。」

倉成英俊

あなたが読むこれからのページが、本じゃなくて、もしも授業という形だったら。まず初めに、僕は黒板に大きくこう書きます。

「自習」

あなたはきっと、人と違った自分なりの表現を何かしたい、と思って読んでるんじゃないかと思います。だとしたら、他人のやり方をいただいて効率的にやろうとしちゃあ、ダメ。書いて書いて、打ち合わせに持って行ったのにまったく採用されなかったり、たまに褒められたり、その一喜一憂に育てられながら、自分オリジナルのやり方を見つけて、独自の進化を遂げなくっちゃいけません。誰の言葉か忘れちゃったけど「人は他人が成功したのと同じやり方で、失敗する」んだし。

そんなわけで、自習をお勧めします。以上。

……と、潔く終わって、あとは白紙のページ。それが理想ですが、残念ながらそれは許してもらえなそうなので、自習の妨げにならない程度に、ちょっと続けてみたいと思います。自習って言ったくせに教室の壇上で結局延々と雑談してる先生みたいに。そうですね。僕が自分でコピーについて学んでいく、つまり「コピーの自習」のときに出会った、変化を起こしてくれた言葉でも、書いてみましょうか。じゃ、紙面尽きるまで、お付き合いください。もちろん自習だから。読まなくてもいいですよ。

Episode 1「君の、コピーを楽しむ心に点を入れます」

'98年、宣伝会議コピーライター養成講座。まだ始まったばかりの、5月位だったかな。その日の講師は斎藤春樹さんで、課題は「そろばんを売るコピー」だった。うんうん考えて、僕が提出したのはこのコピー。「左利き用、新発売。」今考えると恥ずかしいけれど。なんのメリットも言ってないし。講評のとき。上位10本のコピーになんと僕のそのコピーが選ばれて、金の鉛筆をもらいました。(宣伝会議の講座では上位だとこれがもらえるんです。)生まれて初めて、コピーで褒められた瞬間。そして、戻ってきた僕のコピーの脇には、赤ペンで、こんな言葉が書いてありました。

「君の、コピーを楽しむ心に点を入れます」

書いてる側のマインドって、伝わるんだ。そして、このまま楽しみながらやってけばいいかも。楽しむ心。それが一番最初に褒められて、一番最初に学んだこと。

Episode 2「みんながA4で出すなら、B4で出さな」

同じく、その宣伝会議時代。講座に通ってないくせに飲み会にだけ来るという、変わった人がいた。名古屋のコピーライター養成講座に通っていたらしく、東京がどんなもんか見に来た、というCMプロダクションの1年目社員。この人が、僕の最初のコピーの師匠、ニシカワトモヒロさん。出会ってからはいつも、どんな課題が出たか、僕が何を書いたかとかを、仕事の合間に電話で聞いてくる。あるとき、「コピーどうやって出した?」と提出の仕方にツッコミが入った。A4に5本コピー書いてあったんで、そうしたんですけど、と言ったら、怒られた。「あかん。コピーは紙1枚に1本書け。そして、みんながA4で出すならB4で出すとか、せな。」生き残るために。勝つために。そして見る人を楽しませるために。教科書通りのことをするな。広告で大事な「やんちゃ」ということを教えてくれた、最初のコピーの師匠とのやりとりが、その後の人生の大切な土台になる。

Episode 3「で、俺は何を言えばいいわけ?」

電通に入社して、1年目。なんとかデビューを果たしたいと、同期の金井というADと組み、とにかく広告賞を狙って作品作りばかりする日々を過ごしていた。朝日、読売、毎日の新人にとっての3大広告賞で全部グランプリ取りたい。特に朝日広告賞が取りたい。言葉にしてなかったけど、金井も同じことを考えていたらしい。3ヶ月間ほぼ会社に合宿状態の中、できることはなんでもやっていた。あるときふと、前年度のグランプリ、会社の先輩権八成裕さんにアドバイスをもらおうと思い立つ。

メールして勇気を出して会いに行く。初対面。一番の自信作を見せる。緊張の瞬間。第一声、出てきたのはアドバイスじゃなかった。

「で、俺は何を言えばいいわけ?」

他人の目とか気にしなくて良くない? という暗黙のメッセージ。グサッ。音がする位、胸に突き刺さった。そう言いつつ、自分たちがどうしたか教えてくれる。先輩たちは見せるといろいろ言いたがるんだよ。惑わされずに、自分がいいと思う球を投げればいいんだよ。その考えに触発され、自分たちがいいと思う球を3つ投げてみる。結果、2つのグランプリと1つの準グランプリが舞い込む。スーパービギナーズラックの裏にあった、速球を投げるための先輩からのアドバイス。

Episode 4「レトリックも使ってみたら?」

コピーライターになろうと思ったきっかけを、ここで話しておくのはいいかもしれない。僕の将来の夢は「発明家」だった。小1のときの将来の夢文集にそう書いてから、大学4年までずっとそう思っていたから、進路は理系で、工学部機械工学科に在学していた。けれど、アイデアで生活を豊かにするんだったら、デザインって道もあるな、でもデッサンできないと美大いけないしな、うーん、といろいろ思案していたとき、たまたま本屋で宣伝会議の就職本を手に取り、開いたそのページで未来が決まった。TCCグランプリを取った神谷幸之助さんが載っていて、プロフィール欄にこう書いてあった。「機械工学科卒」。いた! こういう道を歩いてる先人が。それから大学院とコピーライター養成講座と両方通って、最初の授業で、あ、こっちかも、とコピーの道を選んだ。

入社3年目頃、その神谷さんから仕事で声をかけてもらった。サントリーの仕事。150本くらい僕が書いたコピーを見終わって、言われたのがこの言葉。

「レトリックも使ってみたら?」

韻、対句、対比の言葉。そういうのも使ってみたら? ということですね。当時は、ダジャレとかダブルミーニングとかは安易だと思ってなるべく避けて、メッセージや切り口で勝負! そして新しい表現をつくるんだ! となんだかそういうことに、確かにこだわっていた。言いたいことが一番伝わるのが一番大事で、方法はいろいろある。頑なになりすぎる必要もないし、先人の知恵も使ってもいい。工学部出身者同士のやりとりの中の、表現の幅について気づかせてくれた一言。

Episode 5「うーん、、リズムですかね」

僕の一番の特徴は面倒くさがり。なので、長い文章を書きたくなくて、ボディーコピーを書かなくていいようなシンプルな広告にして、なるべく避けていた。必然的に、うまくならない。谷山雅計さんも、よく引き合いに出してるらしい。新人時代の倉成君はボディーコピーがひどかったと。でも長い文章って、CMのナレーションやラジオCM、企画書にだって必要になる。年次を重ねるにつれて、避けられなくなる。

入社6年目頃だったかな、席の斜め後ろに、細川美和子というひとつ下のコピーライターがいて、たくさん一緒に仕事していた。彼女は長い文章がうまい。見てると苦もなくスラスラスラーと書いてる。で、あるとき聞いてみた。「ねえねえ、細川ってさ、ボディーコピーなんでうまいの?」「え、あっしですか？（彼女は自分のことを、あっし、と言う）えー、学校行かずに毎日3冊小説読んでたからですかねー。」それじゃ参考にならない。「なんかコツとかないの？」「うーん、、リズムですかね。いい文章ってリズムがいいんですよ。」「なるほど、リズムかあ。」音楽を聴くように、文章を読む。歌みたいに、文章を書く。ボディーコピーって、書き手と読み手の、リズムのやりとりなのか。それを聞いて、ボディーコピー開眼、、までじゃないけど、距離は縮まった。そんな風に、たくさんの後輩にも恵まれて、なんとかやってきた。（ねえ、細川。大丈夫かなあ。この文章のリズム）。

Episode 6 「えらい！」

会社に入って、広告のことを一番教えてもらったのは、澤本嘉光さんだと思う。企画、コピー、セリフ、企画書やコンテの書き方はもちろん、プレゼン、演出家との付き合い方、チームの組み方、etc. 覚えなきゃいけないことの8割を澤本さんから盗んだ。中でも一番は、本人もたぶん意外だと思うけど、「仕事とは何か」について気づかせてもらったことだ。

2004年。角川文庫夏の100冊キャンペーン。澤本チームでコンペに勝って、制作フェーズに移っていた。様々な理由で、素人を中心にモデルになってもらうことになり、個人的ツテを含めて、たくさんの方にオーディションに来てもらった。その中に澤本さんが呼んだ大学生たちがいた。学生さんは金がない。けれど今回は予算も限られていて、バイト代も出せない。そこで僕は、会社で支給される地下鉄の回数券（当時はSuicaとかまだ使ってなかった）を多めにもらって、学生たちに配った。「住んでるところによっては、足りないと思うけど、ごめんね。」とか言いながら。澤本さんはなぜか嫌なタイミングにいつも来る。今回も配っているその真っ最中に登場した。僕悪いことしてないっすよ、という顔を繕ってたそのとき、言われたのがこのセリフ。

「えらい！」

僕はその頃仕事といえば、打ち合わせにいいコピーを持っていくとか、賞取って目立つとか、早く早くなんとか「クリエイティブ」として名乗りを上げることだ、って思っていた。チームが円滑に回るようにする、現場がうまくいくように気を配る、なんてことは、かなりおろそかだったと思う。本当に大事な「仕事」は、そういうことなんだって、気づかされたのが、時間にして1秒、文字にしたらたった3文字のこの言葉。だったんですよね。

他にも、いろいろあったけど、それはまたにするとして。僕は、こういう言葉に気づかされてコピーの自習をしてきました。はじめに言葉ありき。だから、言葉を土台にすると、いろんな仕事ができます。ノージャンルクリエイティブ。それができるのは、全部、コピーを学んだおかげ。未来が見えない時代、混迷する日本と世界だから。今、いろんな仕事で、言葉に強い人がけっこう求められています。独自の進化を遂げたコピーライターたちが20世紀と違う形で活躍すると、絶対違う流れが起こる。近い未来、どこかで、何か、一緒にしましょう。じゃ、自習がんばってくださいね。

まとめ

褒められ、たたかれ自習せよ
その先に独自の進化がある

1. 他人に惑わされず、自分がいいと思う球を投げればいい
2. 何よりも大切なのは、コピーを楽しむ心と、やんちゃな企み
3. 〝いいコピーを作る〟ことだけが仕事ではない
現場に目を向けること

倉成英俊

［くらなり・ひでとし］ 電通 電通Bチームリーダー クリエーティブディレクター
1975年佐賀県生まれ。電通クリエーティブ局に配属後、広告のスキルを拡大応用し、各社の新規事業から、APEC JAPAN 2010、東京モーターショー 2011、IMF/世界銀行総会2012、有田焼創業400年事業など、様々なジャンルのプロデュースに携わる。2014年電通Bチーム発足。バルセロナのMarti Guixeから日本人初のex-designerに認定。自身が書いたコピーで好きなのは、ポカリスエット「青いままでいこう。」。

何をウダウダ言っているのか？

下東史明

まず、どこから考え始めたらいい？ そんなことを言っている暇があったら考えろ、と言いたい。それが入試問題だったらどうするのか。２次方程式の問題を前にして、鉛筆を舐めて終わるのか。解の公式を知らないなら、確かに何もできないが。

そうか、コピーだろうがＣＭの企画だろうが「公式」「定理」がないから立ち止まってしまうのか。だからあなたはこの本やコピーの本、ＴＣＣコピー年鑑を読む。ただ僕がはっきり言えるのは、どれを当たっても解の公式やメネラウスの定理のようなものとは出会えない。特に他人の経験談は「僕はこう解いた」でしかなく、何ら「一般化」されないままほとんどが終わる。

今、世の中には広告以外のジャンルでも、「1ヶ月で英会話」とか「この資格で年収倍」とか「たったこれだけで10キロ減量」みたいな本ばかり。できるだけ短い時間でできるだけ多くの効果が上がるノウハウに群がっている。要はインスタント。インスタントのものは食品に限らず、僕らへその場の一瞬の充足感しかもたらさない。気持ちは理解できるが、世の中には実は、「長い時間」をかけないとできないことがある。むしろ、大切なことのほとんどはそう。

この本を閉じよ

逆説的に言おう、この本を閉じてまったく関係ない書籍や知識、知恵に長い時間をかけて触れるべきだ。そうすれば、起点は立ち所にあなたの目の前に現れるようになる。

例えば、「アイデアの起点」「思考の道筋」という本書のお題に対して僕は、一見何の関係もない古代ローマを思い出した。すでに遠い昔にそれらのお題は議論され、「発想」「配置」「修辞」「表出」に分けて考えられている。

「発想」は主題をよく理解して、その理解を強化するための知識や情報を集める準備。そこから発想の翼をのばす。「配置」とは収集した知識と情報を並べなおすこと。ここで構想が練り上げられ、次の「修辞」ではこの構想にストーリー順序をつけシナリオとし、言葉を加えたり引いたりする。最後の「表出」はこうしてできた原稿を何度も練習して人前での読み上げ方を習熟していくことをいう。

丸ごとコピーを書く場合に適用できる答えだ。

認知科学について知っていると、さらに応用できる。直感と感じるものは実は誤りで、自分がすでに得た知識や与えられた情報を解釈しながら、自分の「注意」が向いた方向へ再編され続けているだけでしかない、ということに気づく。ヘレン・ケラーが手のひらに「Water」と家庭教師に書かれることで、水を理解した逸話と完全にシンクロする。「注意」という考え方は僕らを新しい視座にも立たせてくれる。僕らは意識してようが、無意識だろうが注意の向く対象に実は癖があり、いつも似たような方向が多い。だから考えつくアイデアや答えが似てくる。ならば、自分の注意が向きやすい方向はどこか？ 向きにくい方向はどこか？ 待てよ、それを知るにはまず何をすればいいか？ もうたつたこれだけで、また新しい分野の知識や知恵を学びたくなるし、考えようとする。例えばマルクスはどうしていただろう？　という具合に。

こんな思考の道筋や知識・知恵は「歴史なんて勉強して何の意味があるんだ」「認知科学？　メンドくせっ」とウソぶいている間は絶対に出会えない。タイムラインとだけ付き合い、ただの情報を知識や知恵と勘違いしている間も出会えない。情報は情報でしかない。タイムラインに流れてくる情報から示唆や知恵を得られた。という経験がもしあるなら、それは次元の低いトレースを行っていたことに気づくべきだ。

コピーにおける「解の公式」

なぜ僕はこんなに怒っているのだろう。みんな、とにかくラクをしようとしているからなのか。冷静に「コピー」を考える起点・思考の道筋に限定してみる。

コピー、に対しての解の公式なるもの、メネラウスの定理なるもの、があるとすれば、それはコトバを「記号でなく意味で考える」ことに尽きると思う。１・２・３・４……という数字は数字でしかないが、足し算引き算、微分積分その他を持ち込んだ途端、自然界の真理へさえ発展していく。コトバも同じ。コトバの「表面」だけ扱っていると、それは意味でなく記号に留まる。コピーになってないもの、いい評価を受けないコピーはコトバを記号として「並べた」だけで「意味」を作っていないものが多い。

意味を考える、のは実はとても難しく長い時間がかかる。試しに「貨幣」の意味を考えてみてほしい。僕が言う「意味」とは辞書に載っているものではない。学者が唱えているものでもない。自分のコトバで考えた自分なり、の意味や定義づけだ。小学生にわかるように貨幣の意味を説明するとなると、かなりのチカラ技が要るだろう。僕はすぐにできない。もちろん「お金」に置き換えてもいい。「お金」の意味についてスラスラ自説を述べられる人は恐らくこの本を読んでいまい。意味は自明だ、と僕らが普段感じているコトバやよく使うコトバの本当の意味を考えることは、もともと、そのコトバがなぜ生まれたのか、というコトバの原始へさかのぼる作業でもある。

コトバの意味についてセンシティブになればなるほど、一つ一つのワーディングチョイスや感覚が研がれていくのでコピーは驚くほど自然とうまくなる。貨幣の意味について自分で少し深く考えたことのある人間は、考えたことのない人間よりも「消費者金融初心者に対するコピー」は考えやすいだろう。TCCコピー年鑑でコピーに触れた際も、記号でなく意味で学べるようになるはずだ。

どれもやはりラクにできることではない。アイデアの起点も思考の道筋も、すべては自分が持つ知識・知恵の集合体=知性の在り方とイコールなのだ。そして知性はコンビニで買えるものでも、SNSに流れてくるものでもない。とにかく時間をかけて、ゆっくりと、関係ないものに触れ、深く掘り下げる。この努力を怠ってアイデアを量産したり、コピーがうまい人を見かけたことがない。量産と見えるものはインチキな複製だったり、うまい風のコピーはレトリックのコナレさでしかないことがほとんどだ。

有用でないものこそ有用

しかし、なぜ、まだ怒っているのだろう。

少し脱線してみる。grocerystore.という店でマネージャーをしている松本卓さんは10年来の知己だが、僕の知る限り異常な発想力と分析力・プレゼンテーション能力を備えている。「ファッション」「洋服」「服」という僕らが並列に考えがちな3つのコトバをわざわざ分けた、彼なりの意味や定義づけを先日も教えてもらった。

grocerystore.
Illustrated by F.Shimohigashi

ふと、なぜ彼はそんなチカラを持ちえたか考えたことがある。彼は「異常に一つのことを深掘りすること」を数多く、ジャンルもぐちゃぐちゃと、別に仕事と何の関係もないのに1年中、自発的に続けている。癖と呼んでもいいかもしれないが、先ほどの3つのコトバそれぞれや、「80年代の日本とUK」についてなど、あれこれ調べたり自分で考えたり、気づいたことを聞かれもしないのに僕へ話してくる。恐らく他人に話すことで、より知識や知恵を血肉化しているのだろうが、もうかれこれ10年以上、そうである。世の中に背を向けているわけでもなく、情報は情報として適切に得ている。但し、それだけで彼は満足しない。ちょっと追いつけないな？と思ったのは、散らかしと深掘りを同時にやり続けたあと、自分個人の嗜好に合わせて回収・整理までするのだと言う。おいおい、、、だ。

彼を見習えばいい、と言ってしまえばそれまでだが、知性を頑丈にすればするほど、目の前の課題やお題を恐れることはなくなる。自分はまだこんなにも知らないことがある、だから知りたい、学ぶ、知恵を得る、以上だ。何を知っているか自覚するのももちろん必要だが、まだ何を知らないか自覚するのもまた必要だ。食べ物の写真を撮る暇があれば、その食べ物の素材について何も知らないことに改めて気づき、他人よりも知識を増やし、何かしらの知恵を得るべきだ。すぐ役立つ知恵ではないだろうが、長い人生で役立つ機会が出てくるかもしれない、出ないままかもしれない。「かもしれない」が大切だ。前もって役立つことがわかっているものに対しては、「一体これが何の役に立つか?」という問いが一切作動しない。知性が活発化する、アイデアの起点が見つかる、思考の新しい道筋が開ける瞬間とは僕の経験上、無用と感じていた「これ」が実は有用かもしれないと発見する瞬間だ。「これ」が変化するのでなく「これ」に対する僕らの見方が新しくなるからだ。

みんな、何を急いでいるのか。なぜキーワード検索しかしないのか。つまり、知性を養う行為にまでコスパ発想を持ち込むのか。なぜすぐ面倒くさがるのか。どうやら僕は表面を撫でて何かを得ようとする人や態度、風潮についてやはり憤っているようだ。

ここまで読んだあなたは「何だよ、ウッセーなお前。わかったよ。ちょっとは何の役にも立たなそうなものを掘るよ」と叫んでいるかもしれない。だとすると、僕の目論見は大成功である。あなたが

「自発的」に「何の役にも立たなそうなもの」を「掘る」ことこそ、僕が確信するアイデアの起点・思考の道筋に直結するからだ。

最後にあなたを励ますなら、何から考え始めればいいかわからないなりに、あなたはすでに「本」を手にしている。それは、タダで知識や知恵を得ようとウダウダ言いながらＷｅｂをウダウダ回遊する行為に比べ、幾分今風でなくむしろ古風とさえ言える行為だが、僕は嬉しく思う。再生回数の多い動画やバズと呼ばれる線香花火を教えてくれる人間は多いが、良書を教えてくれる人間が少なくなった昨今、偶然どこかで僕があなたに出会ったとき、あなたは僕のまだ知らない「思考の道筋」へ通じる「知性の入口」を偶然にも教えてくれるかもしれないからだ。

そう、松本さんも言っていた。「僕は偶然が好きなんです」と。
僕も偶然が好きだ。偶然この本と出会ったように、あなたが偶然良いコピーやアイデアを思いつく日は明日にでもやってくるだろう。

まとめ

商品を買うように、
アイデアの起点や思考の道筋を得ることはできない

1. 情報は情報でしかない
2. コトバを記号でなく意味で考える
3. 「自分がまだ何を知らないか」を知る
その上で役に立たない、立たなそうなものと数多く触れる

下東史明

［しもひがし・ふみあき］　博報堂　コピーライター
1981年生まれ。2004年、東京大学法学部卒業後、博報堂入社。主な仕事に、MINTIA「俺は持ってる。」、エアーサロンパス「スポーツが好きだ、大好きだ！」、カルピスウォーター「ぜったい、いい夏に、しよう。」、AQUOS R、１本満足バー、イエローハット、味覚糖グミサプリ、胡麻麦茶など。著書に『あたまの地図帳』。TCC審査委員長賞・新人賞・ファイナリスト、ヤングカンヌ日本代表など受賞。

好きでしょうがないことの蓄積と組み合わせが個性になる

菅野 薫

単純に自分の好きなことを徹底的に追求する

僕は、アイデアを出すのに、そんなに特別な手順やルールを作ったりはしていません。必要とされるアイデアに対する様々な要件を頭に入れて、後はアレコレ考えて、ストンと落ちるまで考え続けるような感じで、どこからやって来てどう着地するか予想できない。だから素晴らしいし、一生かけるに値する仕事とすら思っていますから。結果的に思うのは、必要とされるアイデアは、一見まったく関係ないところからやって来るという感じでしょうか。最初の発想は商品やブランド、マーケティング起点で発想したのとはまったく違うところから導き出している感じです。広告はクライアントに喜ばれることでも広告業界人に喜ばれることでもなく、一般の人に届けるもの。マーケティングの論理側だけから考えても、多くの人を惹き付けるアイデアにはたどり着きません。良いアイデアの最初の起点は「自分が生理的に好きでしょうがないこと」。そこから人の興味を惹き付ける新しいアイデアが生まれる感じがしています。

例えば、僕自身はずっと音楽やデジタルテクノロジーに興味があり、趣味というよりは、もはや自然と関連する情報に接しています。一度調べ始めると時間を忘れてしまうほどで、この知的欲求は「食べたい」といった生理的欲求と同じくらい当たり前で強いもの。その時に「面白い!」と感じた感情は自然と脳にインプットされ、経験として蓄積されていきます。もちろん、本で得た知識に限らず、日常会話でハッとしたことや、映画や小説で感情が動いたシーンなどが脳に記憶として残りますが、これらの経験の蓄積がアイデアの起点になっているわけです。

もちろん商品やブランド、マーケティングの知識も重要です。しかし、こうした基礎知識はクライアントの担当者は、朝から晩まで考えていること。同じ思考のルートを一朝一夕の付け焼刃で考えても新しいアイデアは生まれません。僕はクライアントからプロフェッショナルとして雇われているのです。自分のスペシャリティを発揮してクライアントが知らないことや思いつかないことを考えてこそ雇われる意味があると思っています。

だからこそ、自分の感情が強く動いた経験と、それに関わるすべての知識は武器になります。自分の脳に多くの強い情報が蓄積されていればいるほど、引き出しの数が増えていくからです。僕はもともと学者になりたくて、受験では数学や物理学の勉強をして、大学では経済学を学び、マーケティングサイエンスや数理統計の専門知識を得ました。また、大学時代にはジャズやポピュラー音楽に傾倒して音楽理論を徹底的に学び、作編曲や演奏活動に膨大な時間とお金を費やしました。学者にも音楽家にもなれませんでしたが、それが今の仕事に間接的に大きく関係しているのは間違いないです。このように、直接的に就いた職業に結びついていなくとも、その経験が別の形で私の価値となり、表現の一つ一つに活かされていると感じています。人生はたくさんの無駄でできているようで、その無駄も一つ一つ、自分を構成する重要な要素なのだと実感しています。

知識を得る時に重要なことは、その知識を自分が欲しているかどうかです。「勉強した方がいい」という義務感で触れた知識は自分の脳に残らない。その後に活かされる知識はすべて楽しみ、喜びながら触れた情報ばかり。新しい情報に触れている瞬間には「この知識をいつか仕事と結びつけてやろう」といった打算的なことはまったく考えておらず、とにかく好奇心とか生理的な感情に突き動かされていろいろ調べたり手を動かしたりしてます。熱中できる「興味」を持てるかが、良いアイデアを生み出すための最初の条件かもしれません。

自分が心からワクワクしたものであれば、人の心も動かせるはず。見た瞬間に心を突き動かされるようなインパクトを持つ表現を作るには、クライアントの要望やマーケティングの事情からだけ導き出した論理的な発想だけでなく、日常生活の中で生理的に惹き付ける、その両方の観点から適切なアイデアを生み出さなければならないのです。

新しい組み合わせを見つける

当然、クリエイターとして自分が面白いと思うことをやりたいと主張するだけでは意味なく、その発想の起点を、広告というビジネスに乗せて社会化しなければならない。だから、仕事という意味では、自分自身の感情の記憶、その瞬間に関わる知識と、商品・サービスにまつわるマーケティングを結びつけるプロセスが一番重要だと思っています。これは表現のアイデアをビジネスに接続するための、つまり広告にするための条件だと思っています。自分の大好きな知識と仕事が結びつかないだろうか、と試行錯誤していく作業。つまりとっても楽しいです。

それをどう結びつけるか。僕らの仕事はクリエイティブです。つまり今までに世界になかったことを発見し、実現する仕事です。だから、「この世界でまったく関係したことがない（であろう）遠い2つの考えの組み合わせ」を考えていきます。例えばデジタルテクノロジーの世界では散々議論されている技術を、まったく関係ないマーケティング的な課題と接続してみる感じです。「確かにこの組み合わせで考えることはなかった！」というのを延々と探す。もちろん大半は関連性がなく簡単には結びつかないので、引き出しの数が重要。自分自身の経験と思考の量が多いほど引き出しも多くなり、うまく結びつく可能性が高まります。そしていずれかの表現のアイデアの引き出しと、マーケティング課題が鮮やかに結びついた瞬間「これだ！」とひらめく感じです。

また、この引き出しは特殊であればあるほど希少価値が生まれます。同じ業界の他の人が全然知らないことを専門分野に持つ人が、真剣にマーケティング課題に挑戦する方が面白い。例えば、僕が好きな数理科学やデジタルテクノロジーは専門性が高く、業界的にはちょっと珍しかった。自分自身の経験がなければ生まれないアイデアが、オリジナリティになる。自分の人生そのものが武器になるというのは、広告の世界ならではの面白さだと思います。すべての人の人生が特殊な武器になるし、ある種の共感できる普遍性を持っているってことですから。

新しい組み合わせを見つけるコツは、無理やりにでも結びつけてみることです。ダメもとで1回考えてみる。「このチョコレートのお題と、この人工知能分野における新しい機械学習の計算方法はうまく結びつかないかな」「チョコレートを食べると唾液が出て、唾液からはゲノムデータが採取できる。唾液つながりで何か人に関わる企画ができないだろうか」とかとか、ちょっと突飛なことでも真剣に考えてみた方がいいんです。僕は、無作為抽出して、どんどん試してみます。結びつけられる可能性があれば、すぐにはひらめかなくても「何か面白そうだな」という勘が働くものです。そこから思考を深めていき、戦略性や意味を見出せそうだったらどんどん追求する。そうして深掘りしていくと、ある瞬間にパッと精度の高いアイデアがひらめくのです。

2つのアイデアのきっかけを結びつけた時に、それが適切かどうかを判断できる勘を養うには、日頃から生理的に「面白さ」を求め、貪欲になることです。「もっと知りたい」と願う好奇心や「うれしい」「楽しい」といった心躍る感情に敏感であることが重要です。誰かの真似をすることなく、自分の好みと思考に基づいて興味の対象を見つけ、徹底的に知識を深めれば良いと思います。論理的に説明できるようにするのはその後。面白いには理由があります。なんでそれが面白いと感じるのか、ちゃんと向き合って突き詰めれば論理は理解できます。逆に論理から思考して強い感情にたどり着くのはすごく難しいと思っています。

論理は、アイデアが説明してくれる

広告の仕事はビジネスであり、アートではありません。例え、それが表現であっても、直接のクライアント及びすべてのステークホルダーに対して説明責任を果たす必要があり、制作前にプレゼンテーションが求められます。そこには、そのアイデアが適切であることを説明できるロジックが必要になる。実は、広告の99％は論理でできています。ならばロジックだけに注力すればいいのかというと、そうではありません。論理ではたどり着けない奇跡的な1％の部分を見つけるのがクリエイターの本当の仕事だからです。優れたアイデアにはそれだけで多弁に説明する必要のない強い戦略性が含まれていて、説明されずとも見た瞬間にその意図がわかるもの。広告が世の中に出た時に、企画書が一緒に出ることはないですよね。説明されなきゃわからないアイデアは、僕らに求められているアイデアではないと思っています。

アイデアがあれば、説明責任を果たすための論理はすぐに導き出せます。順当な論理に時間をかけるべきではありません。アイデアを出すのに、それを最高のかたちで世の中に出すのに、すべての時間を割くべきだと思っています。精度の高いアイデアが見つけられていれば、企画書はすぐに完成します。もちろん、その技術を身に付ける必要がありますが。僕らの仕事は時にクライアントを説得すること、企画を通すことに精一杯になってしまって、企画書映えする企画、制作する前の紙でのプレゼンで映える企画が採用されがちです。でも、本当にクライアントが求めるのは本当に世の中で機能する表現。その広告が世に出て、それを見た、触れただけの人が、企画書なんかなくても「あの広告が良いのは、こういう意味があるからだ」とか「こういうことをちゃんと表現できている」などと論理を説明し始めたら、それが一番素晴らしい成果だと思っています。作る前にそれを判断するためにはアイデアを俯瞰して「何も言われずに、なんの事情も知らずに、この広告を初めて見た人は、どんな気持ちになるだろう」と具体的に想像するしかないと思っています。それは相当高い技術なんですが。

記録よりも記憶が大事

この本の趣旨の真逆なことを言うようなのですが、僕は、打ち合わせでは一切メモしないんです。整理のためにたまにそこらへんの紙に何か書くことがありますが、それをその後見返すこともないです。ノートもほとんど持ち歩きませんし、ペンすら持っていないこともあります。もちろんパソコンは持っていますが、打ち合わせ中にはあまり開かないようにしています。打ち合わせ中にパソコンを開いていると、メールやメッセージでの他の連絡事項などに気を取られやすくなるからです。

その代わり、私はメモで記録するのではなく記憶します。ちゃんと話を聞いて、その場で集中して思考を深める。話し相手の仕草や声のトーンも感じながら、そこでコミュニケーションしていることのなるべく詳細まで見聞きしようと思っています。そして、自分からも適宜「こう思います」と提案し、その瞬間に得られることに全神経を注いでいます。人と話す時、そこでしか得られない情報がたくさんあります。内容を文字ですべて記録するために労力を割いてしまうより、その場の情報に喰らいついた方が良いと思いますし、忘れるような情報は必要がない情報だとすら思っています。単純に記憶力が良いとも言えるのですが。

企画を考えるのにたくさんの時間をかけて試行錯誤をするのですが、僕が実際に手を動かす時は、自分が考えたアイデアを外部化し、客観視することで、その可能性を検証する時です。長時間、あらゆる角度からの情報を頭の中でたくさん混ぜて想像して考えて、「これはいいかもしれない」と引っかかりを覚えたらパソコンに打ち込んで、一旦外部化して他人事のように俯瞰して眺めて検証します。書き出すことは、記録のためではなく、外部化して思考するためだと思っています。

まとめ

義務感で触れた知識は残らない、熱中して得た知識の順列組み合わせが個性になる

1. アイデアの起点は、感情が強く動いた経験と夢中になって得た知識
2. 新しい組み合わせを見つける課題の持つ論理的な解決策と、感覚的な切り口のまだない出会いを探す
3. 広告が世の中に出るときに、企画書はついてこない良いアイデアは補足しなくてもその戦略性を雄弁に語ってくれる

菅野 薫

［すがの・かおる］ 電通 CDC / Dentsu Lab Tokyo
エグゼクティブ・クリエーティブ・ディレクター／クリエーティブ・テクノロジスト
2002年電通入社。テクノロジーと表現を専門に幅広い業務に従事。国内外の広告、デザイン、アートなど様々な領域で受賞多数。

日々、起点。

山本高史

書き始め早々に結論から言うと、アイデアの起点とは「知ること」「知っていること」である。知らないことは思い出すこともできない。「知っていること」が貧しければ、どう考えたところで痩せた言葉やアイデアしか出てこない。この「アイデアの起点」という書籍のテーマを質問だと考えれば、その答えは「知ること」「知っていること」だと今でこそ言い放っているが、そこに至るきっかけや挫折やその後の奮闘努力はあったのですよ、もちろん。

新入社員の頃のことです。もう30数年も前。パワハラやブラックなどという言葉はおろか概念すらない、厳しくも牧歌的な時代でありました。戦後のアメリカ美術を大学で専攻していたポップアート少年は、広告はむしろ亜流だ模倣だなどと身構えており、それでもなぜか広告会社に入り（合気道部の先輩がいたから）、そこでまさか自分がコピーライターなんて職種に就くとは考えてもおらず、毎日怖い上司の後をついて回り仕事していているような気になることが仕事のすべてだった。配属されて何ヶ月か経ったある日、当時の部長がそろそろオマエ一人で書いてみるかと仕事をアサインしてくれた。ふむふむオレは認められたのかもしれないなという青い勘違いとソコソコの緊張感で初めて一人で舞台に立ったものの、想像をはるかに超えてアイデアやコピーなど出てこない。出てこないどころかペンも動かないのだ。もちろんイチローだって初めてバットを持った時にボールを打ち返せることはないだろう。何しろ新入社員、駆け出したばかりのコピーライターゆえに、そりゃいきなりは無理ですよと開き直って見せることもできたはず。しかし問題はもっとシンプルでもっと深刻なことだった。自分は「何も知らなかった」のである。

その時の広告商品はある食品メーカーの「お肉に絡めるソース」で、ターゲットは「主婦」であった。当時専業が多かった彼女らがダンナや子どもたちに作ってあげる晩御飯のおかず用のもの、である。今思えばそれほど厄介なテーマでもなさそうなのだが、23歳の僕が知る「主婦」は自分の母親とその妹くらいのものだ。世の中の「主婦」と呼ばれる人々が何を喜びと思い何に苦痛を感じダンナや子どもたちのことをどのように思っているかなんてまったくわからないし、料理をつくろうなんて考えたこともない一人暮らしの若者にはキッチンは自分ではない誰か他の人の場所であった。広告を知らないのならまだ行く道はある。僕が知らなかったのは、社会や人間や生活や他人の気持ちのこと。「知らないことは考えることなどできない」という真理を打ちのめされるように発見してしまったのですな。もちろんマーケティングの資料などは参照したし一般的な範囲内での想像力は働かせたつもりだったが、やはりアウトプットは泣きたいくらい痩せていた。この状況ばかりは大急ぎでがんばってみたところでどうなるものでもない。僕は打ち合わせの場でため息をつくくらいのことしかできず、書いた一文は上についてくれていた先輩コピーライターに原形をとどめないくらい赤を入れてもらってようやくコピーの体を成し、ズタボロでプレゼンにたどり着いた。数週間後新聞に掲載されたコピーは「いつもと同じお肉なのに、いつもと違うおいしさ」だったと記憶している（そのしっかりとしたロジックは新入社員が考えたものではないことを証言している)。

実はプレゼンの次の朝、トイレで(あたりまえだ)緑色のウンチが出た。さすがの異変に驚いて医者に行くと、神経性胃炎だと言う。人生にはこういうことがあるのだと驚いた。その「緑のウンチ事件」の要因にあるのは「知らない」ことであるが、言い換えれば経験値の低さである。広告制作はその現場に入るまで小手先の技術のようにも見えていたが、そんな薄っぺらなものではなかったようだ。僕はその仕事をきっかけに「若造が経験を厚く積み重ねるためにはどうすればいいか?しかもできるだけ短期間で」という逆説的な問題に取り組まなければならなくなった。それは僕の事物や事象への見方や考え方のベースとなってくれたのだが。

経験を脳に残す

ここからやっと本論に入る。「経験」についてお話ししたい。それには3つある。一つは実体験。階段から落ちて骨を折ったとか子どもができたとか三田のラーメン二郎で小豚食べたらうまかったとか仕事で褒められたとかその逆とか、そういうこと。学校の勉強なんかもこの範疇。生きていれば多かれ少なかれ心身が経験することなのだが、これに「知ること」を頼っているとはなはだ効率は悪い。質や量の個人差はあるだろうが、その経験値は時間軸から切り離すことができないからである。さらに一つは疑似体験。小説や映画などを通して経験や知見を重ねることはもちろん有益なことだと思う。会社に入ったばかりの頃、デスクでチンタラやっているくらいなら映画にでも行ってこいと上司に言われたものだ。しかしこれも、ぼくが2時間暗闇で一つのことに集中できないというのもあるが、や

一度考えたことは「脳内経験」として蓄積される。
イラスト／小島洋介

はり効率は悪い。小説ならさらに時間がかかる。

あらゆる経験は「脳に残る」という点で重要である。「骨を折った」という事実にはさほどの意味はなく（痛みはあるが）、その際にどう心が動いたか、それに関して周辺で何が起こりどんなことに気づいたかなどの脳の動きとその記憶に意味があるのであり、つまりあらゆる経験は知的経験と考えても間違いではない。ならばダイレクトに「脳が考えた」という経験を積むというのはどうだろう。経験には3つあると書いた最後がこれで、ぼくは自著でそれを「脳内経験」、それら3つの経験によって蓄積された考える源泉を「脳内データベース」と称している。それはいきなり思いついたものではなく（知らないことは思い出すこともできないから）昔々に伏線がある。

ぼくは中高一貫のカトリック系男子校に通っていた。「脳内経験」にカトリックも男子校もあまり関係はないが、とにかく6年間同じ電車同じバス（つまり始業に間に合うギリギリ）で通学するわけである。まあ面白くもなんともない時間である。高校に上がる頃にはその退屈にもさすがに飽きた。ある日ふと思い立ったのが「別人計画」。日常に飽きているのであれば非日常を生きてみるという手があるではないかと。具体的には「昨日日本に来たばっかりのアメリカ人観光客」になってみるということだったが。その視点から朝の通勤通学電車の風景を眺めてみればずいぶん有り様が違う。新鮮なのである。（これまで気にしたこともなかったが、あの家々はどうしてあんなに密集して建ってるんだろう？ 田畑の脇を流れる川にはどんな魚がいるんだろう？ 食べられるんだろうか？ サラリーマンはドブネズミルックと言われるだけのことはあって、ほぼ見事に濃いグレーのスーツ。なんでみんな能面みたいな顔して突っ立ってんだろう？ サラリーマンだけじゃなくてＯＬも中高生も。あ、そうかオレもおんなじ顔か）。そんな目と脳であちこち見ていると、若干挙動不審ではあるけれど脳内はちょっとしたトリップだ。１９７０年代の高校一年生はそんなことに夢中になって飽きるまでは退屈することはなかった。実はそこにぼくの「アイデアの起点」の原点がある。

「伝えたい」ならしておくべきこと

ぼくは広告制作者にして大学教員でもある二足のわらじであるが、ゼミなどで「今日うち出てから学校に着くまでに何を見た？」と藪から棒に聞いてみることがある。聞かれた学生は例外なく戸惑い「電車を見ました」とか言う。それは目に入っただけで積極的に見に行ったわけではない。多分問われた彼や彼女はスマホをのぞいているか、さもなければ例の能面のような顔で情報を遮断していたのだろう。ぼくは先生らしく先生ヅラと先生口調で「まず何かを発見して、疑問や感想を持ち、そこから考えて自分なりの意見や結論を出しなさい。そうすればキミらの『脳内データベース』は拡充され肥沃なものに育つから」と言うと学生たちは（ホンマかいな）という顔で見ている。

「吊り革」を考える。なぜ「革」？・重要なのは「輪」ではないか。体操では「吊り輪」なのに。ところで「輪」の直径の規格は決まっているのだろうか？・そうだとすると誰の手の大きさを基準に算出したものだろう。なぜ昔から白が基調か。汚れが目立つ色なのに。反射で明るくなるからかもな、近頃はカラーバージョンも出てきたけど。耐えられる荷重はどのくらい？・子どもの頃ぶら下がって騒いで知らないおっさんに怒られたな、今はよその子を怒るのは勇気がいるし。お相撲さんがぶら下がっているところを見てみたい。

「消しゴム」を考える。消しゴムは最後まで使いきれない道具である。ある小ささまで到達すると、まだ機能は有効であるにもかかわらずお役ご免。「定年」か？・律儀そうな四角四面な形状から、職人の趣も感じられる。それがどんどん角が丸まり徐々に鉛筆のせいで汚れていく。鉛筆は「書く」「描く」というクリエイティビティからPC時代においてもある象徴性を獲得しているように見えるが、消しゴムにはその華やかさはない。そもそも鉛筆がなければ存在しないのだ。しかも、だ。ヤツが有用性を発揮するのは、鉛筆がミスした時だけ。その他出番なし。もしかするとあの実直な姿形の奥では鉛筆のミスを願っているのかもしれない（きっとそうだ。「消しゴム」みたいなヤツ、人間にもいる）。

「吊り革」や「消しゴム」のことを考えたところで、すぐに何かの役に立つなんてことはないだろう。

しかし「吊り革」について考えた経験をした脳と考えた経験をしていない脳とでは、どう考えても前者の方が知的経験値は高い。次回はその相対的に肥沃になった「脳内データベース」を使って考えることができる。「脳の動きとその記憶」に意味を求めるのであれば、政治も経済も哲学も吊り革も消しゴムも等価である。見たり聞いたり読んだり発見したりして、考えて、溜め込めばよい。

「コミュニケーション」や「伝える」ということを考えると、ついついそのアウトプットに気を取られがちになる。しかしやはり「知らないことは考えることなどできない」ということは情けないくらい当たり前の真理である。僕の「それがなくては始まらない」アイデアの起点は、そこ。電車の中や街を歩く時、今も15歳の頃のようにキョロキョロしています。それどころではない二日酔いの日はありますが。

まとめ

起点は「知ること」
知らなければ、考えることなどできない

1.「知ること」とは経験値を高めることである

2.「脳内経験」によって、
効果的に「脳内データベース」を拡充する

3.「インプット」あっての「アウトプット」

山本高史

［やまもと・たかし］ コトバ クリエーティブディレクター コピーライター 関西大学社会学部教授
1961年生まれ。TCC最高賞、TCC賞、クリエイター・オブ・ザ・イヤー特別賞、ADC賞など受賞多数。著書に『案本』（インプレス）、小説『リトル』（PHP研究所）、『広告をナメたらアカンよ。』（宣伝会議）などがある。

第二部

未来のコピーライターへの手紙

未来のコピーライターに贈る、現役クリエイター47名からの手紙。

２０１７〜２０１８年にかけて実施した宣伝会議コピーライター養成講座開校60周年記念イベント「コピージアム」にて掲出したものです。

この頃、やなウソが多いですよね。

人のことをいえるほど、いい人じゃないけど、この頃、やなウソばかりですよね。
ワイドショー見てたりすると。
コピーライターは
ほんとのことを素直にとか、
かっこよくとか、おもしろくとか
書いてほしいと思います。
ウソやたてまえで書くと、買う人も幸せになれないから。

笑えるウソは、好きだけど。

電通　クリエーティブ・ディレクター　池田定博

ふつうにやっていこう。

人の気持ちがわかったほうがいい、だとか
いろんな体験をしたほうがいい、と言われる。
僕が思うにどちらかというと、
喜びよりも、悲しみ。
充実感よりも、孤独感。
権力よりも、弱さ。
尊敬よりも、やきもち。
そっち側のほうが、肥やしになる気がする。
それらは、ふつうに人間やっていれば

出会う感情かもしれないけど、
できれば味わいたくはない感情でもある。
でもでも、きっと役に立つ。
やらしい話、役に立つ。
だから、コピーライターは、
ふつうに人間やっていこう。
それで、誰かの心を明るく照らそうと
がんばるんだ。
なかなかの仕事だと思う。

インプロバイド　コピーライター　池端宏介

コピーライターって、格好いい。

僕がコピーライターになったのは、格好いいと思ったからだ。まず、コピーライターっていう、響きがいい。一行で勝負する潔さがいい。当時、大学ではゼミの女子たちが「コピーライターってカッコイー」と言っていた。やっぱりそうか。これからはコピーライターの時代だ、と直感的に思った。というわけで宣伝会議のコピーライター養成講座に通いはじめたのが40年前のこと。動機は不純でもいいということ。どうかみなさん、格好いいコピーライターになってください。

アイアンオー　コピーライター　石井陽一

新しいコピーが生まれる場所

新人コピーライターのみなさんの前で話す時、いつも思います。コピーを書き始めたばかりのこの人たちの方が、僕よりもコピーを信じているんじゃないか。少なくとも僕よりワクワクしながら書いているんじゃないか。コピーに神様がいるとしたら、僕ではなく、この人たちのもとに舞い降りるんじゃないか…。それが杞憂に終わることを願いますが、でも新しい表現はいつも、希望としか呼べない何かから生まれることは事実だと思います。

電通　クリエーティブ・ディレクター／コピーライター　磯島拓矢

新しいひとへ。

ことばは、誰でも書ける。
だから、コピーは誰でも書ける。
絵の才能や、音楽の才能に比べれば。
それはそうで。それは誤解で。

いいコピーって、なんだろう？
その、曖昧な森の闇を抜け出せた者だけが
きっと、コピーを、新しくできる。

一倉広告制作所　コピーライター　一倉宏

言葉で世の中を動かそう。

目標を定める。誰に伝えるのかターゲットを明快にする。何を伝えるのか整理する。どう伝えるのかアイデアを言葉にする。そして、サクセスストーリーを描く。それが、コピーライターの仕事だと思います。これは、ホームページやFacebookやLINEやTwitterやブログやYouTubeなどを活用して仕事をする人に必要な情報の整理とおなじです。すべての人が受信者で、すべての人が発信者となった今こそ、コピーライターの時代かもしれません。

新東通信スケッチ　代表取締役／クリエイティブディレクター　岩田正一

フツーの人こそ、
コピーライター向き。

SNSのタイムラインには、新しく生まれた言葉たちが生き生きと流れている。新しい言葉を生むことができる、みんながクリエイターになった。それを使いこなしているフツーの人こそ、コピーライター向き。新しいコミュニケーションを生むプロになることができる。あなたの一言が世の中を動かす。今は信じられないかもしれないけど。僕もそうだった。さ、一歩踏み出してみよう。世界が変わるから。本当に。

I&S BBDO クリエイティブディレクター／CMプランナー／コピーライター 上野達生

らしくないコピーは
やっぱり書けません。

どんなに背伸びをしても、
どんなに逆立ちしても、
自分にないものはきっと出てこない。
「あの人みたいなコピー」なんて、
書けるはずがないのです。
どこかで見たことがあるようなコピーより
ほかの誰でもない
あなたらしいコピーを書いてください。

西鉄エージェンシー　ディレクター／コピーライター　占部邦枝

きれいごとを書くな。
本当のことを書こう。

本音で話そう。
本気で考えて、
本当のことを書こう。

打ち合わせで、プレゼンで、原稿用紙で。

あらゆる機会でそれを続けることができれば、
あなたは本当のコピーライターになっていることでしょう。

きれいごとで人の心は動かせないのだから。

REACH クリエイティブディレクター／CMプランナー／コピーライター　大久保浩秀

ぼんやり思っていたことが人生になる。

ぼくは高校生の頃、こんな人生を送りたいと3つのことを考えていた。①大人になったらネクタイなんてしたくないなあ。②髭は毎日剃らないで気分が乗ったらハサミでチョキチョキしたいなあ。③具体的にこれってわけじゃないけど書く仕事がしたいなあ。(10代の青年がなぜこの3つを願ったのか、自分でもよくわからない)。ガソリンスタンド、ドーナツ屋、テレビ制作会社、喫茶店で働いたあと、ぼくはノーネクタイで、髭面の、コピーライターになった。願いは、叶うのだ。むしろおそろしいくらい、人は思いによって導かれるのだ。でも、だとしたら、もう少し崇高なことを願っておけばよかった。

オカキン　コピーライター　岡本欣也

名古屋で、もがこう。

名古屋の広告が熱いと言われはじめて、どれくらい経ったのだろう。東京がすべてではない。名古屋の方が賞を取りやすい。いろいろな思いを胸にこの地で暴れている人たちが普通になってきた気がする。しかも一過性の「まぐれ当たり」で終わらせない。まさに表現品質の向上と維持が続いていることの証ではないか。名古屋にいることを言い訳にせず、もがいてもがいてもがき続けた結果が今ここにあると思う。もがいた奴は今後も絶対に強い。

電通　クリエーティブ・ディレクター／コピーライター　岡本達也

生身の人間の、
その伝えたい想いがコピーになる。

コピーは所詮、言葉のパズル。単語の組み合わせであり、順序の入れ替えだ。だからとても簡単だし、なのにとてつもなく難しい。僕は思う。言葉という〝情報〟で形成された、このコピーと呼ばれるものの中には、ぜったいに数値化できない人間の想いが存在するはずだと。生身の人間が、自分の人生で得た感情の全てを動員して言葉を紡ぎ、生身の人間に伝える。それがコピーライターという人種だと。だから、どうか、あなたにはあなたという人間にしか書けないコピーを、書いてほしいと願うのです。

電通　クリエーティブ・ディレクター／コピーライター　尾崎敬久

コピーライターや
広告クリエイターをやってみたい、
と一度でも思ったならば。

どうか挑戦しつづけてください。発想力は、学歴も、いまの仕事も、職歴も、年齢も、性別も、まったく関係ありません。しかも、練習すればかなり伸びます。そして、なることを諦めた人から勝手にいなくなるので、諦めない人が勝ちます。(偉大な先輩たちのおかげで)肩書きもそれなりにあります。考えたことがカタチに残せます。他にすごい人がいても大丈夫、なれる人数の制限もありません。どうでしょう、なりたくなったでしょうか？　そうそう、最後に。この仕事は心の底から楽しいのです。

博報堂　クリエイティブディレクター／コピーライター／ＣＭプランナー　河西智彦

たとえば、
コピーライターを目指す皆さんへ

人生とは・・・なんて大風呂敷を広げるつもりはないけれど。
自分の未来（これから）についてもっとフラットな目線で考えてみたら、
「やりたいこと」と、それをうまく形にできる「場所」が見えてくる。
それってきっと、（1年でも）若いうちにやっておいた方が良いことだと思う。
高い壁にぶつかったとき、その壁を乗り越えられなかった自分を責めるより、
時にはその壁に挑んだ自分を褒めてあげてもいい。

大広九州　シニアクリエイティブディレクター　國武秀典

コピーを学ぶのに大事なのは、自習。
そして、独自の進化を遂げよう。

電通　電通Bチームリーダー／アクティブラーニングこんなのどうだろう研究所所長　倉成英俊

広告は過去学じゃない。
いつだって未来学。

まだ誰にも書かれてない
コトバを探す旅に出ようよ。
リュックに詰めるのは、
誰もいないところに立とう、
という勇気。
人と違うことを言った人が、
新しい風を起こすんだ。
それが君であっても、
ちっともおかしくない。

児島令子事務所　コピーライター　児島令子

コピーの仕事をする幸福

コトバの仕事ができたらどんなに幸福だろうと、思いついた20代の私に、私は今でも感謝しています。なかでもコピーに辿り着けたのは、ラッキーだったとも思います。なぜならそれはすごく難しくて攻略しがいのある技術だから。どんな時代にもどんな局面にもその技術や考え方は必要とされるから。コピーライターってそんなスゴイ職業なんだよ。それはとても楽しく、とても苦しい。でも苦しいことも含めて楽しそうと思える人なら、きっとコピーライターに向いていると思います。

こやま淳子事務所　コピーライター／クリエイティブディレクター　こやま淳子

コピーライター
＝「コピーを書く人」は、過去です。

コピーだけを考えるコピーライターはもういない。ビジネスを成功させるためにどんな広告がベストか？コミュニケーションのトリガー、表現の背骨、それを形成するために言葉だけでなく、あの手この手をアウトプットする。それがコピーライター。では、どうすればなれる？ふつうにふつうに生きる。ほんでもって、どうしたらみんなに伝わるのか、笑ってもらえるのか、心にさわることができるのか、を365日24時間考えられる筋肉を鍛えておけば、特別な才能なんかなくてもだいじょうぶ。

大阪コピーライターズ・クラブ　会長　アンクル　坂口二郎

自分らしいものを書こうとしないこと。
どうせ自分らしいものしか書けないのだから。

誰かみたいになりたいと強く思うこと。
誰かみたいになりたくないと強く思うこと。
その理由を考えること。
それを基準のひとつにして、
自分の書いたものをいつも
すこし遠くから見るクセをつけること。

そしていつも楽しそうにしてること。

電通　クリエーティブ・ディレクター／CMプランナー　髙崎卓馬

おーい、俺

君も、もう四十一だよ。自分がさらに年をとったときのこと、ちゃんと考えてるの。たしかに、今は広告を作れているけど、このあと発想で勝てない後輩がどんどん増えていく。君の仕事が、その分、減っていくんだ。そうなるとどうする？　あるいは、そうなっても大丈夫なように布石をちゃんと打っているのか？　打ってないだろう。バレバレだよ。…自分への手紙は、まあそんなところだ。だから、未来のコピーライターのみなさん、どうかお手柔らかに。みなさんは恐ろしい存在です。上の世代はびくつきながら同じ土俵で毎日戦っています。

博報堂　CMプラナー／ディレクター　田中幹

数十億円か、30円か。

広告コピーほど、その実際の価値に差があるものってなかなかない。企業やブランドの行き先を決定づけるワードは極端に言えば数十億円ぶんの資産になりうる。一方で雰囲気だけで何となく添え物になっているコピーの多くはおそらく30円の値打ちもない。まあ多くの場合、その間をとった（といってもずいぶん30円に近い）値段でコピーは取引され広告は経済活動としてまわっていくわけだが、この先の時代、30円方面はたぶんＡＩが代わりに書いてくれる。みなさんは人間だから、がんばって数十億円に近いほうをめざしてくれたら嬉しいです。

谷山広告　コピーライター／クリエイティブディレクター　谷山雅計

自戒を込めて

言葉の力を信じると高らかに謳い上げるより、言葉の危うさに意識的であり、その胡散臭さを自覚する。常にそうして自分を戒めることが、言葉を扱う者の持つべき心構えのような気がします。「善魔」という言葉があるように、ときに正しさは絶対化すると悪になる。自分の善意は間違っていない。そう確信しすぎるあまり、結果として相手を傷つけていないか。不完全な人間の放つ言葉もまた誤るのです。言葉（もしくは人間）の究極の目的は、赦し合うことかもしれませんね。

電通　コピーライター／クリエーティブ・ディレクター　玉山貴康

ライターで終わらない

志が高く、仕事にも嘘がない。でも、ほんの少しだけ勇気が足りない。そんなクライアントと出会ったとき、自分はコピー（言葉）を使って、「あなたたちなら、もっと遠くへ行ける」と励ますのです。コピーライターの自分が誰かのパートナーになれたとき、大きな甲斐を感じます。

電通　クリエーティブ・ディレクター／コピーライター　都築徹

言葉を超えましょう。

キャッチフレーズを考えたり、ボディコピーを書いたり、CMを企画したり。いわゆる広告表現をつくることだけがコピーライターの仕事ではありません。商品開発や企業の経営、販売促進、いろんなものを良い方向へ導くスキルを持つことが、これからのコピーライターに、ますます求められるでしょう。視野を広く、柔軟に、未知なことにも積極的にチャレンジしてください。

Salon de Harem　代表　手島裕司

未来のコピーライター
ではなく、明日の自分へ。

「未来のコピーライターへメッセージを」
とご依頼いただきましたが、
自分の未来も覚束ないフリーランスの身。
というわけで、明日コピーを書く自分へメッセージします。

・「そもそも」を考えよう。
・正しい問を設定しよう。
・冷静に、熱くなって書こう。

・本当のことを見つけよう。

・他人の視点で見直そう。

・コピー以外のことを、学ぼう。

・正しく稼ごう。

・ちゃんと寝よう。

明日の自分から生まれるコピーが、
未来のコピーライターへ届きますように。

フリーランス　コピーライター　東井 崇

自分を、もっともっと連れ出すんだ。

すみません、HondaCIVICのCMで使っているコピーです。しかも、コピーライターの太田恵美さんの書いたコピーです。分断の時代、世の中全体がタコツボ化して、コミュニティやジェネレーションが違えば、入ってくる情報も、見えてくる景色も、全く違う世の中で。「こっち側を疑って、あっち側を想像する。」そんなイマジネーションや態度が、コピーライターに限らず、あらゆる人にとって大事になると思います。Googleで何でも知った気にならない。本当のことは、向こう側へ、自分の身をさらすことでしか、手に入らないと思います。

電通　クリエーティブディレクター／CMプランナー　東畑幸多

スタート時期は違っても、
同じ立場になる。

道を志した時点で、講師だろうが経験者だろうが関係のない場所。経験を積めば職人技のように、早くいいコピーばかり書けるかといえば、そうでもない。若いコピーライターも、実績を積んだコピーライターも同じ横並び。どちらも、考える量は変わらない。どちらも、頭を捻って最適解を書き合う。お金もらって仕事するってそういうことだと思う。

大広　クリエイティブディレクター／コピーライター　戸谷吉希

地方でコピーを書くということ。

コピーライターになりたての頃、「福井にもコピーライターなんているんだ」とよく言われました。需要がなかったわけではありません。知らなかっただけ。地方には、未だ世の中にアピールし切れていない、素晴らしい企業や商品がたくさん埋もれています。伝達の手法をあれこれ考える前に、言葉でなんとかしなきゃいけないことや、なんとかなっちゃうことが、たくさんあるんです。コピーライターは、地方にこそ必要なんだと思います。

真空ラボ　コピーライター　虎尾弘之

未来のコピーライターとは？

10年後「コピーライター」とは
何を表す言葉になっているだろう？
言葉の意味を変えてしまうくらいの
幅広い活躍を、これからの自分にも、
これからの皆さんにも期待しています。

電通　クリエーティブ・ディレクター　中尾孝年

勘違いも、才能のうち。

コピーライターに向いているのは、自分はコピーライターに向いているかも、となぜか思い込んでいる人だと思います。養成講座に通おうと思ったことがある人は、ちょっとは才能を信じてそうなのでその時点で向いてます。どっちみち正解は未来にしかないので、根拠のない思い込みや勘違いをしばらく信じてみるのがいいと思います。勘違いしてる制作者、北海道にもたくさんいますよ（いい意味でも、悪い意味でも）。

北海道博報堂　クリエイティブディレクター　長岡晋一郎

楽をして
いいコピーライターになるには

如何に楽をしていいコピーを書こうかずっと考えてきましたが、一つの結論に達しました。たくさん書かないと上手くなりません。でも、今の時代は上手くなるだけでは足りない。キャンペーンを引っ張るコピーはもちろん、（ＳＮＳなどで）自走するコピーを書けるか、も大事。それも「書く」という経験が必要。どんなに時代が進んでも、とにかく書くこと。それに尽きると思います。

電通北海道　コピーライター／ＣＭプランナー　中川裕之

コピーライターへの憧れ

武蔵美の時いっつも一緒に遊んでた三浦純くんの友達の石井くんが、ひょんなキッカケから糸井重里神に出会い、僕はコピーライター、ええねえ！と憧れを抱く美大生になりました。その後僕はCMディレクターになってしもたんですが、おかげで糸井さん、仲畑さん、眞木準さん、岩崎俊一さんみたいな錚々たる面々とお仕事ができたんです。でも「コピーライター、ええねえ！」感は消えてなくて、今年もTCC新人賞目指して張り切ってますねん！

東北新社　CMディレクター　中島信也

これからの人たちへ

■コピーライターになりたい人へ：先輩たちのつくってきた「型」を十分勉強して、その「型」を思い切り破ってください。これもコピーライターの仕業なんだ、コピーライターの仕事って面白いんだ、を見せつけてください。

■コピーライターにならない人へ：広告コピーを勉強してください。コピーを学ぶことは「伝える」ことを学ぶことです。世の中のあらゆる仕事はクリエイティブであり、「言葉」はすべて広告コピーの要素を持っているから。

フリーエージェント　コピーライター　中村 禎

コトバは持ち運びできるから
ウラヤマしい。

例えば芭蕉の句、「夏草や兵どもが夢の跡」は口にするだけで人に伝えることができます。聖書の一説、哲学者の教え、すべてのコトバは簡単に持ち運びができます。コトバは抽象だからです。でも絵はそうはいきません。絵で伝えるには紙が必要です、キャンバスが必要です、カメラが必要です、道具とメディアが必要です。絵は具象だからです。私はCMディレクターだからまずは絵で伝えることを考えます、できればコトバを使わず伝えたいと思っています。コトバの力をウラヤマしく思いながら、その力を憎らしいとも思っています。そんなねじれた感情が私のCM作りのエネルギーになっています。

TYO　CMディレクター　早川和良

ぶっ壊してください。

これからどんどん世の中が変わっていくと思うので、あるべきコピーやCMもどんどん変わっていくと思います。なので、既存のコピーやCMにとらわれず、あなたが「本当にイイ!」と思うものを作ってください。「本当にイイ!」と思えるものが出てくるまで、ひたすら考え続けてください。口先やSNS上で吠えるのではなく、作ったものを通じて吠えてください。「広告業界をぶっ壊す」ぐらいの意気込みでやり散らかしてください。

電通九州　コピーライター／CMプランナー　左 俊幸

自分で何とか出来る仕事は素敵だ

コピーライターの仕事は才能じゃない。

これだけは断言出来ます。

例えば、プロ野球選手みたいに50mを6秒台で走れないと門を叩けないようなものじゃない。

誰でも今すぐ勝負出来る。

唯一才能的なものが必要とあえて言うなら、それは「伝えるための欲望」です。

伝えるために試行錯誤する。もはや、いたずらを考える。と言ってもいい。

こんなにワクワクする仕事はないです。

「生まれ変わってもまたやりたい」と思える仕事だなぁ、と本気で思ってます。

今は（笑）

電通　CMプランナー／コピーライター　廣瀬泰三

打倒！三太郎

具体的な目標があるといいんじゃないでしょうか。
たとえば、いまだと、打倒！三太郎。
ここ数年、間違いなく日本で一番ヒットしている、
あのau三太郎シリーズの広告が、
すっかり色あせて見えるような、
新しくておもしろいヒット作を、
早くつくってしまってください。
できれば年内に、つくってしまってください。

ワンスカイ　CMプランナー／コピーライター　福里真一

「土用の丑の日」の逆のコピーを。

250年前、平賀源内が書いたと言われる「土用の丑の日」。
これは紛うこと無きスーパーコピーで、現代まで効果を
発揮しつづけています。が、いかんせん副作用も大きい。
今や、ニホンウナギは絶滅危惧種です。
そもそもウナギの旬は冬なので、元々の鰻屋のオリエンが、
まぁスジ悪なんですよね。では、現代に生きる私たち
コピーライターに何ができるか。それは、250年後の日本人も、
ちゃんとウナギが食べられるように知恵を絞ること。つまり
「土用の丑の日」の逆のコピーを書くことではないでしょうか。
なんだか、壮大な例えになりましたが、これからの
コピーライターに求められるのは、そういうことな気がします。

catch　クリエイティブディレクター／コピーライター　福部明浩

なかなかない仕事。

世の中にはいろんな仕事があります。車を作ってる人、ゲームを作ってる人、未来の文房具を考えてる人、映画を作ってる人、新しいアイスを考えてる人、薬を開発してる人、本を売ってる人。企んでる人、考え抜いてる人、悩んでる人、熱い人、ノッてる人、人、人、人。コピーライターという仕事は、言葉を紡ぐだけではありません。こんなにたくさんの、自分ではない誰かの、仕事への思いや人生、そして世の中と関われる仕事はなかなかない。と僕は思います。25年近くやっても、むつかしくて、おもしろくて、まったく飽きないのです。

電通　クリエーティブ・ディレクター／CMプランナー／コピーライター　古川雅之

グッドなジョブだぜ。

〝こぴライター！〟

誰でも使えるコトバを操って、法外なお金を稼ぐ、楽しいお仕事。

それが、コピーライター。

正解は全く存在しないし、必死で考えても、必ずしも上手く書けない。でも、やっぱり、はっきり。上手い、下手は存在する。「モノは言い様」に頭脳のすべてを注ぎ込んで、上手く言えたときの達成感は、しびれるほど気持ちよい。

こんな素敵な職業は、やりたいヒトにだけ、心からおススメしたいと、思います。

JR西日本コミュニケーションズ　コピーライター　松井 薫

モノを売る広告？

「広告は広告のために自己目的的な意味と責任を持っている。広告によってモノが売れようが売れまいが、そんなことは広告の責任ではないというぐらいの気構えが、広告マンにはあってもよいのではないか」１９６０年代に社会学者の加藤秀俊氏はこう書いた。広告は、モノを動かす技術であるだけでなく、ヒトを動かす文化でもある。あのころのＣＭ風にいえば、広告のない生活なんて○○を入れないコーヒーみたいだ。さあ、鉛筆１本で世に出よう。

三浦広告事務所　コピーライター　三浦清隆

きっかけは、きっかけとして。

川崎徹さんのCMに憧れて広告の仕事を志しました。「キンチョール」や「もろこし村」など、ギャグセンスが抜群のCMを見て、じぶんも考えてみたいと思ったのです。ただ、いまの私が川崎さんのような広告をつくれているかといえば、残念ですがそうではありません……。でも、ナンセンスギャグに憧れていた私が、日々、真面目なコピーやカタいテーマと格闘しているというのも、なかなか面白いのではないかと思うのです。広告の仕事は広いです。どんなかたちで活躍できるかは、やってみないとわかりません。どんなきっかけでも、飛び込んでみてください。

ADKクリエイティブ・ワン　コピーライター／クリエイティブディレクター　三井明子

コピーライターって言葉の意味を、
どんどん変えていきましょう。

コピーライターは読んで字のごとく「コピーを書く人」であるわけですが、それ以外に何をしていくのか、どこまで活動領域を広げられるのか、ということが常に試されている職業ではないかと思うのです。いわゆるコピーを書いているだけではいずれ自分個人も職業全体も行き詰まってしまう、という前提に立ってからがコピーライターの醍醐味ではないかと思います。言葉を使って何でもできるこの職業を、思い切り楽しんでいきたいものです。

ワザナカ　コピーライター　宮保 真

「企画が思いつかない時はどうすればいい?」

という質問をよくされるのですが、僕が広告クリエイティブの仕事を始めてから培った技術を二つほどお伝えします。一つは、開けないファイルを、さも企画ができたような感じで送りつけ時間稼ぎする技。

もう一つは、打ち合わせに白紙を大量に持っていき、「これは、ちょっと違うかな・・・」とか言いながら、さも厳選してコピーを発表しているかのようにふるまう技。

それでも思いつかない時は・・・、誰か僕にも教えてください泣。

電通 CMプランナー 村田俊平

ビジネスを動かす道標。

その商品はどこへ向かっていくべきか。
その企業はどこまで遠くへ行けるのか。
その技術は誰を幸せにできるのか。
消費者は、世の中は、未来は、
どうすれば良くなっていくのか。
そのために何をつくればいいのか。
どんなサービスがあると嬉しいのか。
その道標はいつも言葉だったりする。
言葉のチカラでビジネスを動かす。
誰も気づかなかった場所へ連れていく。
それがコピーライターの仕事だと思う。

電通名鉄コミュニケーションズ　クリエーティブ・ディレクター／コピーライター　森 俊博

好きなことなら続けられる

好きなことなら続けられる。教室では居眠っている学生が、サークルなら議論もできる。ワンメーターの距離でもタクシーに乗るおじさんも、ゴルフ場なら文句も言わずに丘を越えていく。考えさせられている、書かされていると思うとコピー一行も苦痛だが、考えることが好きになればコピーは一生の仕事だ。だからオレはウン十年続けている。こんなに飽きっぽいのにね。そりゃオレも昔は書かされていたよ。でも考えるのが好きになる方法を見つけたんだ。聞きたい？

コトバ　クリエーティブディレクター／コピーライター　山本高史

コピーライターになるために、今できること。

僕がコピーライターになりたいと思ったのは、高校2年生の夏でした。広告の大きくて前向きなエネルギーに憧れ、自分も作る側へ回りたい！と強く願った日のことを、今も覚えています。

コピーライターになりたい。けれど、何をしたらいいのか全然わからない。

もし、そんな方が読んでくださっていたら、「まずは夢中で生きるべし」と言いたいです。部活に燃えたり、恋をしたり、バイトにハマったり、一人旅をしたり。濃密な毎日から生まれる経験すべてが、未来のコピーの燃料になっていくはずです。きっと。

渡辺潤平社　コピーライター　渡辺潤平

おわりに

「宣伝会議コピーライター養成講座」は、２０１７年に60周年を迎えました。２０１８年時点で修了された方は５万名を超え、その多くが広告界でコピーライターやＣＭプランナーとして、広告実務の最前線で活躍をされています。かつての受講生が、その後コピーライターとして活躍し、講師として後進の指導にあたるケースも多くあります。60年以上続いてきた講座だからこそ、の伝統と言えます。

宣伝会議コピーライター養成講座は、１９５５年に始まった広告宣伝ゼミナールがその前身にあたります。その後、１９５７年に現在の名称に改め、開校しました。当時は、日本におけるコピーライターの草創期。まだ広告文案家と呼ばれていた時代に、月刊『宣伝会議』の創刊編集長である久保田孝が、広告文案家は広告界、さらには産業界で必要とされると考えたことから始まりました。最前線の実務家が講師を務め、実践の学びの場である当講座は、その想いに共鳴をいただいた多くのクリエイターの知見とご尽力があって、発展そして現在に至るまで継続することができました。

60年を超える歴史の中で、広告を取り巻く環境は大きく変わりました。新聞、雑誌を中心とするグラフィックからテレビへ、さらにはインターネット、スマートフォンへと広告メディアの種類は広がり、コピーライターの活躍の場は広がり続けています。

広告の手法は多様化していますが、重要なのは「What to say」。対象となる企業や商品・サービスのコアとなるアイデアを発掘し、表現にあたっての方向性を示すこと。優れたアイデアは、的確な

「言葉」に置き換えることによって初めて伝わり、ぶれないメッセージにつながります。これは言葉を扱うコピーライターの強みとするところです。

コピーライターが持つ本質的なスキルが活かせる場は広告界に限りません。講座修了生の活躍のフィールドは広告に留まらず、作家や音楽・映画などのエンターテインメントの仕事のほか、企業の宣伝・マーケティング・広報担当、ほか多様な業種・職種で活躍しています。これは言葉でアイデアを発想し、そのアイデアを整理しながら、さらに簡潔な言葉で表現する力が広告界のみならず、広く社会から必要とされていることの証ではないでしょうか。

本書では、宣伝会議コピーライター養成講座の講師を中心に26人のコピーライター、プランナーの執筆により、トップクリエイターたちが、何から考え始めるか、どう考え始めるのか、その起点について掘り下げて紹介しています。26人、各人各様のアイデアの出発地点とプロセスを知ることができます。アウトプットが広告クリエイティブにおけるコピーである場合はもちろんのこと、他のあらゆる言葉を使ったコミュニケーション上の課題に直面したときにも読み返していただきたい一冊です。また、巻末には、47人の方による「未来のコピーライターへの手紙」を収録しました。コピーライターという職業に興味を持たれた方、広告クリエイティブや言葉の仕事に興味・関心をお持ちの方に向けたメッセージとして様々な角度から執筆をいただきました。本書を通じて一流のコピーライター・クリエイティブディレクターたちが培ってきた「物事を整理して言葉で伝える技術」を、言葉を使ったあらゆるコミュニケーションに携わる人に役立てていただければ幸いです。

宣伝会議コピーライター養成講座では、コピーライターの持つスキルは今後ますます社会に求められると考えています。複雑化する課題をロジカルに整理し、誰もがわかりやすい「言葉」で共有する。

さらに、その課題を解決するためのアイデアを導き出し、コンセプトを定めたうえで、周囲の人たちを巻き込みながら課題解決に挑んでいく――。こうした一連のプロセスをリードするにあたって、「言葉」こそが有用なツールになるからです。

コミュニケーションが複雑化すればするほど、このスキルが活かされることでしょう。企業だけでなく、地方自治体やＮＰＯ法人、公益法人などもマーケティングやコミュニケーションに課題を抱えています。「課題が何かわからない」という声も聞きます。こうした現場でもコピーライターの出番です。

さらには、こうしたコピーライターの発想法や思考法、ライティングスキルがあらゆるビジネスにおける課題解決にも役立つと考えています。宣伝会議コピーライター養成講座もそうした将来を見据え、時代の要請に即したカリキュラムを提供してまいります。

結びに、本書の刊行に際し、格別のご協力を賜りました執筆者ならびに関係者の皆様に深く感謝申し上げます。

宣伝会議コピーライター養成講座　事務局

宣伝会議 の書籍

その企画、もっと面白くできますよ。

中尾孝年 著

ビジネスにおける「面白い」とは何か。数々の大ヒットキャンペーンを手掛けた著者が、「心のツボ」を刺激する企画のつくり方を「面白い」をキーワードに解説。「人」と「世の中」を動かす企画を作りたいすべての人に。

■本体１７００円＋税　ISBN 978-4-88335-402-3

逆境を「アイデア」に変える企画術

河西智彦 著

逆境や制約こそ、最強のアイデアが生まれるチャンスです。関西の老舗遊園地「ひらかたパーク」をV字回復させた著者が、予算・時間・人手がない中で結果を出すための企画術を40の公式として紹介。発想力に磨きをかけたい人、必見。

■本体１８００円＋税　ISBN 978-4-88335-403-0

面白くならない企画はひとつもない 髙崎卓馬のクリエイティブ・クリニック

髙崎卓馬 著

時代の急激な変化に対応できず、何が面白いものなのかわからなくなってしまったクリエイターたちが増加。実際のクリエイター、宣伝担当者たちの企画を、丁寧に診察し、適切な処方箋をつくり、治療していくまさにクリエイティブのクリニック。

■本体１８００円＋税　ISBN 978-4-88335-457-3

SKAT. 18

第56回宣伝会議賞委員会 編

宣伝会議賞は、広告界の専門誌『宣伝会議』通巻１００号を記念して１９６２年に創設された、日本最大の公募広告賞。本書には、第56回の入賞作品、審査講評、一次審査通過以上の作品 全５５５５点と、中高生部門一票以上獲得の４４３点を収録しています。

■本体２０００円＋税　ISBN 978-4-88335-467-2

詳しい内容についてはホームページをご覧ください　www.sendenkaigi.com

コピーライティングとアイデアの発想法

～クリエイターの思考のスタート地点～

発行日	2019年 4月 7日　初版
編者	宣伝会議コピーライター養成講座
発行者	東 彦弥
発行所	株式会社宣伝会議 〒107-8550　東京都港区南青山3-11-13 Tel.03-3475-3010（代表） https://www.sendenkaigi.com/
装丁	副田高行　北原佳織
本文デザイン	株式会社鷗来堂
印刷・製本	中央精版印刷株式会社

ISBN 978-4-88335-443-6　C2063